自然法名著译丛

Über die wissenschaftlichen Behandlungsarten des Naturrechts,
seine Stelle in der praktischen Philosophie
und sein Verhältnis zu den positiven Rechtswissenschaften

论自然法

全名为《论自然法的科学探讨方式，
它在实践哲学中的地位
及其与实定法学的关系》

〔德〕黑格尔 著

朱学平 译

商务印书馆
创于1897 The Commercial Press

Georg Wilhelm Friedrich Hegels

Über die wissenschaftlichen Behandlungsarten des Naturrechts,

seine Stelle in der praktischen Philosophie und sein Verhältnis

zu den positiven Rechtswissenschaften

In

Gesammelte Werke, **Band 4**

Felix Meiner Verlag Hamburg 1968, pp. 418—485

本书译自汉堡迈纳出版社 1968 年版《黑格尔全集》第 4 卷第 418—485 页

《自然法名著译丛》编委会

《自然法名著译丛》总序

一部西方法学史就是一部自然法史。虽然随着 19 世纪历史主义、实证主义、浪漫主义等现代学说的兴起，自然法经历了持续的衰退过程。但在每一次发生社会动荡或历史巨变的时候，总会伴随着"自然法的复兴"运动。自然法所构想的不仅是人自身活动的基本原则，同时也是国家活动的基本原则，它既影响着西方人的日常道德行为和政治活动，也影响着他们对于整个世界秩序的构想。这些东西经历千多年之久的思考、辩驳和传承而积淀成为西方社会潜在的合法性意识。因此，在自然法名下我们将看到一个囊括整个人类实践活动领域的宏大图景。

经历法律虚无主义的中国人已从多个角度试图去理解法律。然而，法的道德根基，亦即一种对于法律的非技术性的、实践性的思考却尚未引起人们充分的关注。本译丛的主要目的是为汉语学界提供最基本的自然法文献,并在此基础上还原一个更为完整的自然法形象,从而促使汉语学界"重新认识自然法"。希望通过理解这些构成西方法学之地基的东西并将其作为反思和辩驳的对象,进而为建构我们自身良好的生存秩序提供前提性的准备。谨为序。

吴彦

2012 年夏

译者序言

  《论自然法》一文标题全称为《论自然法的科学探讨方式,它在实践哲学中的地位及其与实定法学的关系》(*Über die wissenschaftlichen Behandlungsarten des Naturrechts, seine Stelle in der praktischen Philosophie und sein Verhältnis zu den positiven Rechtswissenschaften*,以下简称为《论自然法》),是黑格尔分两次发表在他在耶拿前期与谢林合办的《哲学批判杂志》第 2 卷第 2 期和第 3 期(1802 年 12 月号和 1803 年 5 月号)上的一篇长文,也是他第一次较为系统、深入地阐述其关于法哲学(自然法)的基本主张。此文一方面包含了其思想成熟时期关于法哲学的很多重要观点,另一方面,因黑格尔此时总体上仍处在古典希腊政治哲学的强烈影响之下,他自己的法哲学思想还远未成熟。尽管如此,对于理解黑格尔法哲学思想的发展及其成熟来说,本文仍具有极其重要的意义,值得高度关注。另外,此文也是黑格尔之前十余年对宗教、哲学和政治等领域的研究和思考的一个结晶。下面先对黑格尔撰写《论自然法》之前的思想发展略加叙述,随后结合译者的理解,对《论自然法》的内容进行疏解,以方便读者阅读;最后就《论自然法》与黑格尔晚期法哲学思想的关系等稍加评点。

一、黑格尔前耶拿时期思想发展述略

在耶拿时期之前,黑格尔的思考集中在宗教问题上。其思想发展大致可以分为三个时期,即图宾根时期、伯尔尼时期和法兰克福时期。在这三个时期,黑格尔的思想高度一贯:以古典公民宗教为典范,对现代异化的私人宗教(基督教)进行改造,构建新型人民宗教,实现国民精神的更新与改造。

图宾根时期,黑格尔在法国大革命的时代背景下,在启蒙思潮和古典文化的双重影响下,提出"人民宗教"的基本观念。他试图借助这一观念,一方面使启蒙的理智宗教情感化、主观化,实现人的内在统一,并使宗教切实影响人的生活;另一方面,他同样希望宗教与公共政治生活统一起来,从而实现人与人在日常生活世界的统一。显然,这是一条企图通过宗教改造回归古典生活方式的思想道路。

　　伯尔尼时期,黑格尔坚持人民宗教的同时,接受了康德理性宗教的基本思想,并试图将其纳入人民宗教的框架之下。随着黑格尔对康德理性哲学的接受,他对宗教的批判即由之前批判基督教的客观性、理智性转向批判其实定性。与理性的自我立法相对,实定宗教就是外在给予的宗教。但与康德强调个体的自我立法不同,黑格尔在共同体的意义上理解理性主体,换言之,真正的理性主体是人民,而非个人;非实定的宗教就是人民自我制定的宗教,而非由外部权威强加的宗教。在这种理解下,在西方,实定宗教的起源便与罗马帝国时期精神的巨变,即古典共和精神的丧失息息相关。黑格尔指出,正是古典政治德性的丧失,直接导致了现实政治的异化。于是人们转而寻求天国的满足,古代希腊人和罗马人的自由宗教遂被基督教取代。另一方面,黑格尔在坚持古典理想的同时,又接纳了法律与道德、国家与教会相分离的现代观念。这与其人民宗教的基本观念——宗教与政治生活直接统一——相矛盾。黑格尔必然要在这两种观点之间做出选择。

　　《德国观念论最早体系纲要》①一文表明伯尔尼中后期黑格尔思想发展的新方向。此文宣称要"超出国家",因为

---

　　①　谢林、黑格尔、荷尔德林当中,到底谁是此文的作者,迄无定论。但人们普遍认为,此文表达了三人当时的共同见解,因而也就不必过于纠结这个问题。

国家只是一台机器，而非自由的对象，它必然"将每个自由人作为齿轮对待"；因此，作者宣称要"剥去国家、宪法、政府、立法这种全然痛苦的人造物的画皮"；[①]对于康德在实践领域中的理念（"道德世界、神和不朽的理念"），则要从每个人自身内部，而非在自己以外去寻求[②]。然后，作者在接纳并超出席勒的立场上指出，"统一一切的理念，美的理念，在更高的柏拉图的意义上进行使用"，"理性的最高的、统摄一切理念的行动是一个审美的行动，真与善只有在美中才能结成姊妹"[③]。由此诗将成为最高之物，在诗的哺育下，大众和哲人将在新的感性宗教（"理性的神话"）中统一起来[④]。此文对感性宗教的倡导，与黑格尔之前的宗教思考相一致，对国家的批判、对康德道德哲学的超越则预告了包括黑格尔哲学在内德国观念论哲学发展的未来走向。

　　到伯尔尼后期，黑格尔通过与荷尔德林、辛克莱等好友的通信，及时了解当时德国哲学的最新发展，开始在更深的理论层面即统一哲学的立场上对宗教的实定性问题进行探

---

　　① G. W. F. Hegel, *Gesammelte Werke*, Band 2, hrsg. von der Rheinisch-Westfälischen Akademie der Wissenschaften, Hamburg：Felix Meiner Verlag 2014, p. 615.（以下简称 *GW* 2）（下文引用《黑格尔全集》（历史考订版）各卷，简写为"*GW*"加各卷卷数，在正文中直接注明。）

　　② *GW* 2, p. 616.

　　③ *GW* 2, p. 616.

　　④ *GW* 2, pp. 616—617.

讨,并试图予以解答。他追随荷尔德林的《判断与存在》,开始对康德的二律背反的学说进行批判,并由此出发重构对实定宗教的理解和批判。黑格尔认为,实定宗教建立在康德式的二律背反(或费希特的自我和非我的活动与受动、规定与被规定的关系)之上,由此达到的任何统一,作为信仰的对象,都只能是一个特定的、与对立面相对立的有限的统一,从而具有一定的界限。实定宗教无法超出此种对立,而是满足于这种有限统一的界限的不断变动。无论是对康德,还是对费希特,要完全超出这种对立都是不可能的,统一只能是康德意义上的一个"理想"。与此相反,黑格尔想要超越这种对立的立场,达致先于此种对立的统一与存在。

在这种批判背后,黑格尔实际上加入到席勒、荷尔德林等人的潮流之中,该潮流的矛头直指康德、费希特的主观观念论哲学。他区分了考察主客体关系的两种不同方式。其一是"理解",其二是"爱"。他以对一条小溪的理解为例进行说明:"观察一条小溪,看它如何按照重力的法则必然流入低处,并且看它如何受到地势和两岸的限制和压力,就叫作理解它"①。显然,这是一种以主客对立为前提的考察方式,居于其核心的是冷静的知性分析,这里考察者与对立面

---

① *GW* 2, p. 8.

（即客体）没有统一起来。与此相反，消除了主客对立的真正宗教则具有完全不同的考察方式，它迥异于理解，是"对神的自由崇敬"，"赋予客体以生命，亦即使客体变成诸神"①。以小溪为例，真正的宗教"赋予它灵魂，把它当作自己的同类，爱它"②。换言之，真正的宗教就是在爱中达到主体和客体的内在统一。黑格尔将这种观点应用到历史中，古人充满想象力，也满怀爱心，古代世界是美的世界，神人不分，诸神以人的形态出现于人间；只是到后来，人神之间才出现了分离，此时，便出现了牺牲、香火和礼拜。最后甚至通过暴力实现人与神的统一。当然，这样的统一只是一种外在的统一，真正的统一是爱的统一，同时也是对原始的神人统一的恢复。对黑格尔来说，恢复真正的统一就是重返以古典希腊城邦生活为典范的美好时代。

　　这种由荷尔德林阐发的（并为黑格尔所接纳的）审美的统一哲学很快就陷入危机中，以至于荷尔德林最后提出了"美作为悲剧事件"的理论。③ 这种理论产生的根由是，荷尔德林在之前追求的原始统一的基本经验之外，对分离（或反

①　*GW* 2, p. 8.

②　*GW* 2, p. 8.

③　Christoph Jamme und Frank Völkel, *Hölderlin und der Deutsche Idealismus*, Band 3, Stuttgart-Bad Cannstatt: Frommann-Holzboog 2003, p. 1.

思)有了新的看法,即他(黑格尔也一样)不再将分离视为纯然否定性的东西,而是作为原始统一自身发展的一个不可或缺的环节:"1799年到1800年产生的文本表明,荷尔德林(与黑格尔一道)怎样从生命的自我分化的经验出发,对统一哲学实施改造,试图解决之前《判断与存在》的概念窘境"。①换言之,荷尔德林开始试图通过其悲剧理论实现原始统一和分离的统一,而不是通过美的统一去消除分离。黑格尔也同样在法兰克福时期实现了其思想的这一重大转变。

我们可以在黑格尔这一时期的手稿中多次看到这种思想的表达。这里摘引其手稿中比较靠前的一段:"但是[爱]不是一个个别的情感。因为一个个别的情感只是部分生命,不是整个生命,所以生命力图通过溶解,走出个别情感,而渗透到各种各样的情感中,以在这些多样性的整体中发现其自身;在爱中,此整体不是包含了许多特殊的、分离的情感的总和;在爱中,生命作为其自身的双重化以及它自身的整一性(Einigkeit),发现了其自身。生命必须从未发展的整一性出发,经过教化、圆圈,达到一个完满的整一性;分离的可能性和世界同未发展的整一性相对立;在发展中,反思

---

① Christoph Jamme und Frank Völkel, *Hölderlin und der Deutsche Idealismus*, Band 3, p. 3.

产生了越来越多的对立物（这种对立物在得到满足的冲动中统一起来），直到它把人自身的整体与之对立起来，直到爱在完全的无客体性中扬弃了反思，消除了对立物的一切异己性格，并且生命发现其自身不再有缺陷。"①

这段引文表明：第一，黑格尔不再满足于此前的"爱"的观念，而进一步提出"生命"概念，用以指示由"爱"所达到的"整一性"；第二，黑格尔区分了"未发展的整一性"和"经历发展、分离的整一性"，于是，"分离"便摆脱了原来的消极地位，取得了积极意义，亦即它构成了"生命"自身发展、自我完善的一个必经阶段。由此，黑格尔（与荷尔德林一样）哲学思考的方向也就不再是从生命的"分离"到分离之前的"整一性"的简单回归，而是要将其阐发为一个从原始的、朴素的整一性（"纯粹生命"或"存在［Seyn］"）经过不断分裂而发展为一个完美的整一性的过程和体系。黑格尔哲学体系的雏形开始形成。

在古典城邦生活的影响之下，黑格尔的这种生命观一方面一如既往地集中在人的现实生活的方方面面及其整体性上面，反对以个体主义为中心的基本思路；另一方面则又

---

① 参见 *GW* 2，p. 85—86（右栏）。类似的表述，可参见 *GW* 2，p. 277。中译文参见〔德〕黑格尔：《黑格尔早期著作集》（上卷），贺麟等译，商务印书馆 1997 年版，第 441、442 页。

开始将人的生活总体理解为一个从简单到复杂、从原始的未曾发展的状态到越来越发展、越来越分化的过程（黑格尔将其概括为"统一、变形（分离）和在生命和精神中发展了的重新统一"①的社会状态的过程）。在法兰克福时期，黑格尔开始在这种思维模式下批判基督教的实定性，同时他还将对康德法哲学和道德哲学的批判融入到其宗教改革的构想之中，我们由此窥见他对于西方近代法哲学和道德哲学的最早批判。

据罗森克兰茨报道，康德《道德形而上学》出版之后，黑格尔从 1798 年 8 月 10 日起就进行了研究，做了摘抄和评注，开始对康德法律和道德的分离进行批判，并且提出了生命概念，以将二者统一起来，消除由此产生的人的分离和异化。②黑格尔对康德《道德形而上学》的评注现已遗失，但现存的被称之为《基督教精神及其命运》的手稿却包含了黑格尔对康德法哲学和道德哲学的批判，其基本观点与罗森克兰茨的报道十分吻合。在这些手稿中，黑格尔将"爱"作为扬弃西方近代主客二分的根本途径，其最终目的则是在现

---

① 参见 *GW* 2，p. 277。另见〔德〕黑格尔：《黑格尔早期著作集》（上卷），第442 页。

② 参见 Karl Rosenkranz，*G. W. F. Hegels Leben*，Berlin 1844，pp. 86—87。另见《黑格尔政治著作集》，薛华译，中国法制出版社 2008 年版，第 16—18 页。

实中实现主体与客体的内在统一。如罗森克兰茨所言，黑格尔此时将这种统一叫作"生命"。这种"生命"，黑格尔有时又称之为"存在"，并将其等同于"自然"或"本性"。

　　无论是"法律"，还是"道德"，黑格尔均将其本质归结为抽象的"概念"（或"命令"），因其与现实、感性或欲望的内容相对立，而成为实定之物（显然，黑格尔延续了他之前批判客观宗教或实定宗教的基本思路）；它们作为"命令"，本质上仅为"应当"，而非"存在"（或"生命"）。黑格尔藉耶稣的名义，思考如何超出法律的立场以及西方近代产生的法律和道德的分离。他指出：

　　　　对于我们出于不同的理由而称之为道德命令或国家命令（bürgerliche Gebote）的那些法律，耶稣采取了不同的态度。由于它们在命令的形式下表达了人的自然关系，因此它们的错误在于，全部或者部分地成为客观的了。由于法律是对立面在一个概念中的统一，因此概念也就允许它们作为对立物，而概念自身又在于同现实物的对立，这样，概念便表达了一个应当。就概念不是按其内容，而是按其形式，即它是由人所造成、所理解的而言，则命令就是道德的；就单纯从内容上看，将其看作是特定对立面的特定统一，从而应当不是来自概念的特性,而是由一个异己的权力发布的,那么命令就是国家的。由于在后一情况下,对立面的统一未被理解,不是主观的,所以国家的法律就包含了许多有生命的人(Lebendige)的对立的界限——而纯粹道德[法则]则规定了一个有生命的人的内部对立的界限,因此前者限制了有生命的人同有生命的人之间的对立,后者限制了一个有生命的人的一个方面、一种力量同他的其他方面、其他力量之间的对立,由此,此人的一种力量便支配了他的另一力量。①

黑格尔的目的是要"恢复人的完整性"。②无论是在国家法律,还是在道德的命令下,人都处于概念与存在的对立和分裂之中,是异化且不完整的。因为如黑格尔所言,无论是法律命令,还是道德命令,本质上都只是"对立面在一个概念中的统一"。他从形式和内容两方面出发,设想如何超出律法的立场,克服人的异化状态。首先,在形式上,黑格尔利用康德的道德学说,试图通过道德的内在化,扬弃国家法

---

① 参见 *GW* 2, pp. 149—150。另见〔德〕黑格尔:《黑格尔早期著作集》(上卷),第 377—378 页。

② 参见 *GW* 2, p. 153。另见〔德〕黑格尔:《黑格尔早期著作集》(上卷),第380 页。

律的客观性。换言之,通过道德的自律扬弃法律的他律。然后,通过爱扬弃道德法则所包含的理性和感性、普遍的东西和特殊的东西、普遍的客观法则与主观偏好之间的对立。他明言:"在[爱的]和解里,法律失掉了它的形式,概念为生命所取代。"①

在黑格尔看来,通过爱扬弃法律和道德,以回归于生命(或"自然"),真正的困难在于从内容、实质上克服由现代法律意识所造成的概念与实存之间的坚硬对立。这种对立最尖刻地出现在犯罪与惩罚的问题上面。犯罪可以从两种不同的视角理解,一是法律的视角,一是生命的视角。法律的视角预设了法律与自然(即生命)、普遍和特殊之间的严格对立,法律的惩罚并不能消除这种对立,而是以之为前提。是以,经过法律惩罚之后,犯法者依然是一个罪人,法律的普遍内容与个人的违法行为依旧存在,两者没有达成和解,得到扬弃。但法律的观点仅仅是一种片面的观点,法律只表达了人的存在(自然)的一个片段,而非整体。法律的惩罚使得作为普遍性的法律与作为特殊性的个人之见的对立永恒化了。反之,从作为人的存在的整体(即"生命")的角

---

① 参见 *GW* 2, p.160。另见〔德〕黑格尔:《黑格尔早期著作集》(上卷),第381页。

度来看,则真正的惩罚不是法律的惩罚,而是命运的惩罚。在命运的惩罚中,出现的不是个人与普遍性的法律之间的对立,而是同生命与生命自身的对立。"犯罪者想要杀害别人的生命,但他只是摧毁了他自己的生命,因为生命与生命本无差异,生命是在单一的神性之中。"①一旦犯罪者体会到这一点,他就能超越法律的立场,与生命本身达成和解。"及当犯罪者感觉到他自己的生命受到摧毁(遭受惩罚)或在愧悔的良心里认识到他自己被摧毁了时,他的命运开始发挥作用,而这种被摧毁了的生命的感觉必会成为对那业已失去了的生命的向往。"②在这种对生命的重新向往和对自己行为的悔恨中,犯罪者便出于对生命的爱而实现了他与生命的重新和解。此时,由生命出发的命运的惩罚也就全然超出了单纯律法的立场之外,通过命运的惩罚,受到戕害的生命得到了恢复,基于法律立场的概念与现实之间的僵硬对立得到扬弃,个人的行为作为偶然的特殊的东西也就成为了一种纯然过往之物。

这种"爱"的学说的根本矛盾在于,黑格尔对"爱"的理解深受荷尔德林等人悲剧思想的影响,因此,这种"爱"首先

---

① 参见 *GW* 2,p. 191。另见〔德〕黑格尔:《黑格尔早期著作集》(上卷),第397页。

② 〔德〕黑格尔:《黑格尔早期著作集》(上卷),第398页。

是在古典共和主义意义上的;然而,他却同时在这种意义上去理解和解释耶稣有关"爱"的教导。这显然是两种完全不同的"爱"的观念,黑格尔只能选择其中的一个理解。黑格尔对古典精神的热爱使他再次转向了对耶稣和基督教教义的批判。他在批判中指出,(耶稣和基督教教义教导的)爱只是一种主观的情感,缺少真正的宗教(即"生命")所需要的客观性维度,因此,"爱还不是宗教"。①这就意味着,真正的生命,需要超出单纯的"爱"的情感之上,为自己获取真正无限的生命内容。下面这段话表达了他的思考的这种深化:

> 道德扬弃了进入意识的[法律]领域的统治;爱扬弃了道德领域的限制;不过爱本身还是不完善的本性;在幸福的爱中,是没有客观性的空间的;然而每一反思又恢复了客观性,随着客观性,又开始了限制的领域(反思和爱得到统一,因此宗教就是爱的完成,[反思和爱]两者被思维结合起来了)。爱的直观似乎要满足完善性的要求,但这是一个矛盾,直观者、表象者是一个进行限制的东西,并且只是接受有限制之物的东西,而客体则是一个无限的东西;无限的东西是无法装到这

① 〔德〕黑格尔:《黑格尔早期著作集》(上卷),第416页。

个容器当中去的。①

　　这里,黑格尔总结了他这一时期的总体规划:道德扬弃法律,爱扬弃道德。一开始,他以为爱能够扬弃主体和客体的分离,完成二者的内在统一。现在他发现,"爱"也同样陷入到与康德(和费希特)类似的窘境中,即"爱"与康德的实践理性一样,总还只是一个"不完善的本性"(这句话是黑格尔最后修改时才加上去的);"爱"的主体(作为"直观者"和"表象者")是一个有限物,而其对象则是一个无限物。如何消除康德等人哲学中出现的这种有限物和无限物的严格对立,达到对真无限的真正理解和把握,也就成为黑格尔所要解决的根本问题。在最后加入的"反思和爱得到统一,因此宗教就是爱的完成"中,黑格尔给出了他这一时期对这个问题的根本解决,即反思和爱(或者说,客观性和主观情感)的内在统一。

　　在如何超越有限物和无限物的对立(即"知性"的立场)这一问题上,黑格尔分析了三种不同的解决方案:犹太人

―――――――――

　　①　参见 *GW* 2,pp. 246—247(右栏)。另见〔德〕黑格尔:《黑格尔早期著作集》(上卷),第 422 页。其中"还是不完善的本性"以及"反思和爱得到统一,因此宗教就是爱的完成,〔反思和爱〕两者被思维结合起来了"等重要句子是黑格尔最后修改时添加进去的。参见 *GW* 2,p. 246,编者的注释。

的、耶稣（和基督教）的以及他自己的方案。他通过解析对耶稣的两种本性（耶稣既自称"神子"，又自称"人子"，因而既有神性，又有人性）的理解，来阐述这个问题。

犹太人彻底坚持知性立场，坚持人与神（即"有限物"与"无限物"）的绝对差异和分离，坚持耶稣是人，不是神。这是一种纯然客观的立场，它根本就不能意识到人神的结合和内在统一的问题。黑格尔将耶稣和基督教的基本立场称作"信仰"，这种立场牵涉到人与神、有限与无限的统一问题，但因其对"爱"和"生命"的错误理解，而陷入片面、空洞的主观情感之中，从而不能达到对神（"生命"或"无限"）的本真理解。耶稣将其教导的对象限于少数门徒，并将其事业从现实的尘俗世界引开，其结果是将自己从一个国家公民变成了一个私人，由此斩断了其与公共生活之间的生动联系。其后的基督教团体也是如此。可见，尽管基督教渴望摆脱犹太人的客观性，但因为他们脱离了与国家和社会生活的具体联系，实际上陷入到与犹太人相对立的主观性之中，同样导致了生命的内在分离。

由此，尽管黑格尔一方面承认了"分离"作为生命发展的必经阶段，同时，他也并未承认由基督教引入西方世界的个体性、主体性。相反，与他之前的观念相一致，他此时所理解的无限生命，依然是基于对于古典城邦自由生活的向往而来的、克服了个体性的人与人之间的实体性统一。他批判欧洲近代的个体性："在现在的欧洲，与此相反，每个人不把整个国家担负在自己身上，他们的纽带也只是一个思想物，即对所有人而言的平等权利，因而他们就不会为了反对个人而战，而是为了存在于每个人之外的整体而战。"①

可见，黑格尔的意图仍在消除欧洲近代的个体性，以个人与城邦浑然一体的古典时代为榜样，重建现实生活的统一性。尽管如此，他通过基督教批判所获得的结论却非彻底消除主观和客观的二元对立；相反，通过对分离（和知性）的一定程度上的肯定，他在生命整体中为其保留了一席之地。这一点从他对生命的基本理解——"爱和反思的统一"（或者说，"主观和客观、认识和情感的统一"）——即可看出来。这种生命观实际上构成了整个黑格尔哲学（从而也是其法哲学）的奠基石。在1800年《体系残篇》中，他更是提出"生命就是结合与非结合的结合"，这个命题标志着黑格尔哲学的真正诞生。②在1801年出版的《费希特和谢林哲学体系的差别》中，他将这一基本命题进一步提炼为"绝对物

---

①　〔德〕黑格尔：《黑格尔早期著作集》（上卷），第428页。译文有改动。

②　同上书，第475页。法国学者科维纲同样认为，黑格尔在1800年《体系残篇》中提出的这个命题标志着黑格尔哲学的诞生，参见〔法〕科维纲：《现实与理性——黑格尔与客观精神》，张大卫译，华夏出版社2018年版，第211页。

自身就是同一性和非同一性的同一性"。①这一公式为《论自然法》的法哲学体系提供了理论基础。对"差异"（即"非同一性"）环节的承认，在一定程度上构成了其著名的市民社会理论的前提。他的哲学并不是要抹杀这种分离，而是通过肯定分离，而达到一种更高的统一。

与此相关，黑格尔很可能在撰写《基督教精神及其命运》的过程中，克服了他以前对以个人为出发点的现代自然法立场的同情，而将其基本立场完全提升到超越个体之上的"生命"（或"自然"）概念上面。是以在其作于 1800 年 9 月的《基督教的实定性》"新导言"中，他开始明确攻击西方近代以来的自然概念。他尖锐地指出："究竟什么是纯粹的人性？所谓'纯粹的人性'不外指符合于人的一般概念。但是人的活生生的本性是永远不同于人性的概念，因此，那对概念来说只是一种改变、纯粹偶然性或多余的东西，成为一种必要的东西、有生命的东西，也许是唯一自然和美丽的东西。"②也就是说，人的自然不能从抽象的一般人性概念出发得到理解，因为抽象的人性概念以普遍概念和特殊现实之

①　G. W. F. Hegel, *Werke* 2, auf der Grundlage der Werke von 1832—1845, neu ediert von Eva Moldenhauer und Karl Markus Michel, Frankfurt am Main 1986, p. 96.

②　〔德〕黑格尔：《黑格尔早期著作集》（上卷），第 338 页。

间的对立为前提;反之,对黑格尔来说,要理解人性,则要追
溯到各个个人生活于其中的国家或者人民生活的整体。这
样的整体,作为一个(他后来所言的)"具体的普遍",并非单
纯理性的概念,而是包含了特殊的需要、宗教仪式、情感、惯
例甚至仪式等等偶然的、非理性成分在内,是理性和非理
性、必然和偶然的东西的内在统一。对他来说,哲学探讨的
基本出发点就不是个人,而是具有此种特性的作为个人存
在之前提的人民生活的整体。我们马上就会看到,这一点
构成《论自然法》一文的根本前提。

二、《论自然法》疏义

在《论自然法》发表之前,黑格尔除了在《基督教精神及
其命运》中最早批判康德的法哲学和道德哲学以外,在1801
年出版的《费希特和谢林哲学体系的差别》中也开始对费希
特自然法理论进行比较详细的分析和批判。[①]而与《论自然
法》大致同时,他也写下了另一本法哲学著作(即《伦理体
系》)的手稿,其思想与《论自然法》基本一致,但对体系的阐
述要详尽很多。此外,黑格尔从1799年起,开始探讨德国宪

---

① G. W. F. Hegel, *Werke* 2, pp. 52—93.

法,并留下了被人称为《德国宪法》的手稿。这种探讨所获的成果也自然会在《论自然法》中有所体现。本部分论述主要集中于《论自然法》这一文本,必要时会涉及到其他文本的有关思想。

要理解《论自然法》,对黑格尔此时的哲学架构的基本了解自然不可缺少。耶拿前期,黑格尔深受谢林同一哲学的影响。在 1801 年出版的《费希特与谢林哲学体系的差别》中,他从认识论的角度,将绝对物规定为"反思和直观的同一""先验意识和经验意识的同一"等等,实际上包含了绝对物是一个从经验直观到反思(即概念)、再到直观和概念的统一(即先验直观或理智直观)的认识过程的观点。经验直观、概念和先验直观(黑格尔又称之为"先验知识")构成了认识绝对物的三个阶段。对黑格尔来说,真正的绝对物实为这三个阶段的内在统一与综合。基于对绝对物的这种理解,他在《论自然法》一文分析费希特哲学体系时,对他此时的体系结构进行了简要的勾勒。这对我们理解《论自然法》的内容很有帮助,因此首先进行介绍。黑格尔这样描述他对"绝对物"的理解:

> 绝对物按其理念被认识为差异者的同一性,这种同一性的规定性乃是,其一为统一性,其二为众多性。

这种规定性是观念性的,也就是说,它仅仅根据前面指出的无限性概念才是处于无限性之中的:这种规定性当其被设定起来时,也就同样被取消了。两者中的每一个,不论是统一性,还是众多性——两者的同一性即为绝对物——自身就是一和多的统一性。然而其一(其观念性的规定是众多性)为对立面的存在、肯定的实在性,因此对它来说就必然存在一种对立的、双重的关系。因为实在物存在于其中,因此它的同一性就是一种相对的同一性,并且对立物之间的这种相对同一性就是必然性。因此正如它处于差异中一样,它的关系自身或者关系的同一性就是一个差异物;在关系之中,统一性既是第一位,众多性也是第一位的;这种两方面的关系规定了必然性或者绝对物之现象的双重方面。由于这种两方面的关系落在众多性上,并且当我们将立于另一面的、而且那种实在性或者多又在其中被扬弃了的差异者的统一性称作无差异时,那么绝对物就是无差异和关系的统一性;由于关系包含了双重的关系,因此绝对物的现象就被规定为无差异和那种关系(或者那种多在其中是第一位的、肯定的东西的相对同一性)的统一性,以及无差异和那种统一性在其中是第一位的、肯定的东西的关系的统一性。前者是物理的自然,后者是伦理的自然。并且因为无差异或统一性是自由,而关系或者相对同一性则是必然性,因此这两种现象中的每一个都是自由和必然性的同一和无差异。实体是绝对的和无限的,在"无限"这个谓词中包含了神圣自然的必然性或者它的现象,并且这种必然性正好将自己表达为一种双重关系中的实在性。这两种属性中的每一个自身都表达了实体,都是绝对的和无限的,或者说,都是无差异和关系的统一。在关系上面,它们的区别在于,在其中之一的关系中,多是第一位的,或者超乎一之上;在另一关系中,一是第一位的,或是超乎多之上。但是因为在伦理自然本身中,在其关系中,统一性是第一位的,因此它在这种相对同一性中——亦即在其必然性中——就是自由的。或者因为这种相对同一性并未由于统一性是第一位的而得到扬弃,因此这个第二种自由就是这样规定的,即对于伦理自然来说,必然的事物尽管存在,然而却是否定地设定起来的。(*GW* 4,pp. 432—433)

这一段文字比较晦涩,但如列成如下图表(表1),就很容易理解黑格尔想要表达的思想:①

显然,黑格尔在同一哲学的框架下构建其哲学体系。

---

① 为了更加全面地表明黑格尔此时的哲学思想,加上了笔者对黑格尔理念各部分与他此时的认识论之间的内在关系的理解。

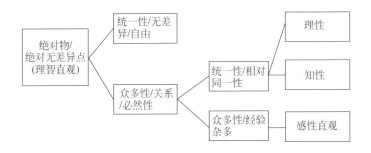

表1　黑格尔《论自然法》中绝对理念的结构

他此时对"绝对物"的理解——"绝对物是无差异和关系的统一性"或"绝对物是自由和必然性的统一性"——乃是从之前的公式("绝对物自身就是同一性和非同一性的同一性")发展而来。他将"非同一性"发展为"关系"(它构成与"同一性"相对的"差异"部分),并在其下处理康德、费希特哲学视域下的知性和感性、概念和经验直观之间的关系问题(基于经验直观的经验哲学也同样包含于其中了)。在这种知性体系之上,存在着一个超越知性之上的理性领域("无差异"或"自由")。因此,他所理解的理念就是包含了所有这些环节在内的一个最后的无所不包的完全综合,近代的经验主义和康德、费希特的哲学都以其特有的方式包含于他的理念体系之中。另外,在同一哲学的视域下,黑格尔进一步区分了伦理自然和物理自然,作为绝对物的两种属性,两者的结构完全一致,差别在于,在物理自然的"关系"部分,"众多性"即经验杂多占据支配地位,而在伦理自然的"关系"部分,则是"统一性"处于支配地位。

这一理念体系的构想既是批判西方近代自然法理论的前提,也是他草拟伦理体系的基础。是故,《论自然法》即基于这一体系架构写成。除了开始部分的简短"导言",其第一、二部分分别是对经验主义和形式主义自然法理论的批判,各自对应于"关系"部分的"经验直观"和"相对同一性",第三部分正面阐述其伦理体系,最后一部分探讨自然法与实定法学的关系。基督教的实定性是黑格尔前耶拿时期关注的核心问题,在转入法哲学领域后,他继续关注自然法与实定法学的关系,理所当然。

(一) 导言

在"导言"部分,黑格尔先是从他自己对整个哲学体系的理解出发,对哲学现状进行批判,然后简要揭示了批判哲学与它以前的自然法的基本本质,并在此基础上划分出两种不同的自然法的科学探讨方式,即经验主义的和形式主义的探讨方式。

到撰写《论自然法》时,黑格尔独特的哲学体系观已经开始成形。在他看来,哲学本身是一个逻辑严谨的大全体系,所有科学都构成哲学的一个部门,并处于绝对物的理念发展的特定环节或阶段,唯有由此出发,方能真正理解这些科学的本质。由此观念出发,黑格尔慨叹当前各门科学与哲学的脱节,强调它们必须要在哲学所阐发的绝对物的观念之下得到关照;唯有如此,才不致被哲学扫地出门,沦落为一门仅仅搜集和整理经验知识的经验科学。因而,他指出,这些科学的原则要从它们在观念性领域中的内在联系中得到理解,并由此而认清各自的必然性和界限。在厘清了基本的学理前提之后,黑格尔便转向对康德批判哲学的考察,因为由它所引发的对自然法理论的重构,乃是他要努力克服的对象。他用一个涟漪的比喻,形象地表达了康德实践哲学所蕴含的有限与无限之间的关系的困境:实践理性的法则与主体的感性欲望和冲动永远对立,无法达到完全统一,二者的统一如湖中涟漪般不断向四周扩散,永无止息。尽管如此,他进一步指出,随着批判哲学的出现,自然法的原则和概念完全脱离了内容,形式和内容彻底分离,从而超越了之前自然法当中形式(概念)和内容互相混杂的状况,自然法由此而达到一个全新的阶段。但这并不意味着他不考察康德之前的自然法。他明言,这种考察的目的是,"一方面是为了将它们与绝对理念进行比较,并在它们的歪曲中看出绝对形式的诸环节通过一种规定性(即原则)而歪曲地表现其自身的必然性……另一方面,则是为了看到世界的经验状况在科学的观念性镜面当中的反映"(*GW* 4,p. 419);即,他一方面要考察此种自然法理论是如何歪曲地表现绝对伦理的,另一方面也要考察这种自然法理论是如何表现世界的经验状况的。进而,由第二个方面,即自然法理论与世界经验的内在一致性,他着重强调了自然法在所有科学中的"首屈一指"的地位,因其"直接关乎伦理这个一切人事的推动者"(*GW* 4,p.419)。此言表明,正如在亚里士多德那里政治学具有首要地位一样,在黑格尔这里,法哲学(或伦理学)也享有同样的至上地位。这一点向为人们所忽视。在这种理解下,对自然法进行考察,也就是更加深入地理解现实世界,因为前者以"普遍性的形式"对后者进行表达。可以认为,这个方面表现了黑格尔对自然法进行考察的实践兴趣。

其后,黑格尔再次回到西方近代自然法理论的本质(即形式和内容的对立)上来。他在分析中指出,自然法实际上都是以关系作为对象,康德与他之前的自然法理论的差别在于,康德坚持关系的概念形式及其"绝对否定性",从而坚持形式与内容之间的绝对对立;而在康德以前的自然法中,则不存在形式和内容的绝对对立,二者是混杂在一起的。他由此区分了两种不同的科学,即形式的科学和经验的科学,进而区分了两种自然法的科学探讨方式,并指出,这两种探讨方式都具有相同的成分,即经验直观和概念,并且它们的实质一样,都只是经验直观和概念二者的混合,从而无法达到对于绝对伦理的真正把握,即使是强调概念的形式性的探讨方式,也是如此。

(二) 对经验的自然法理论的批判

正文第一部分讨论经验的自然法理论,内容涉及以格老秀斯、霍布斯等人为代表的西方近代自然法理论(但黑格尔并未指明他讨论的具体对象)。黑格尔探讨的独特之处在于,他首先关注的并不是这些自然法理论的具体内容,而是它们的"探讨方式",即它们如何通过概念和经验的组合,形成一个道德、法律和国家(黑格尔总称为"伦理")的理论体系。按照"导言"部分的说明,这个部分的任务是"[看]绝对理念是如何按照绝对形式的诸环节而出现于其中的"(*GW* 4, p. 421)。换言之,黑格尔以其伦理理念为标准,对经验的自然法理论进行批判性考察。

黑格尔一进入对经验的自然法理论的讨论,便立即指出了这种自然法理论的如下基本手法:从相关对象的经验直观中随便抓取一种规定性,将其提升为概念的形式,使之成为相关对象的本质和目的,同时,使其他的规定性从属于这种规定性之下,从而让对象获得某种统一性。当然,如此得到的统一性,就绝对不是对象的内在、必然的统一性,而只是一种外在、偶然的统一性。黑格尔以民法中的婚姻和刑法中的惩罚为例进行了说明。在他看来,无论是生儿育女,还是财产共有,都不构成婚姻关系的本质规定;同样,不同的自然法学家或将惩罚的本质规定为道德改良,或者规定为犯罪的损害,或是对人的威慑等等,不一而足。由此造成的结果是,通过这样的自然法理论,任一经验内容便被弄成了有关对象的形式规定。当然,由此造成的结果必然就是形式和内容之间根本不一致,即通过这种经验主义的理性,有限的经验内容通过形式的同一性而获得了绝对的必然性。

在阐明了经验科学的基本操作方法后,黑格尔便开始批判。与纯粹的形式主义不同,经验的自然法理论从某一经验出发,将其提升为原则,依靠逻辑的同一律对其进行贯彻,直至相反的经验出现为止。此时,其做法就是对原来的经验原则进行修正,使之涵括更加广泛的经验内容,以获得更大的解释力(黑格尔这里的看法,非常接近波普尔的证伪理论)。这是经验科学获得其知识总体的根本方式。

在这种思维模式下,理念的绝对统一性便被区分为两个不同的统一性:一是黑格尔所言的"原始统一性"或"简单的统一性",也就是自然法学家由其所抓取的经验所获得的统一性。自然法学家当然不能停留于这种纯粹的经验，而要在其基础上，结合其余的经验建构社会生活的总体（即黑格尔所言的"经验知识的总体"）。黑格尔指出，前述"原始统一性"（或"简单的统一性"）就是设定在自然状态下对于人的本质规定（自然本性或能力）的规定（如霍布斯所言的"自我保存"、格老秀斯的"社会性"等等）。他认为，这种人的本质规定，乃是从社会状态中抽除所谓的偶然的、不必要的东西（如特殊的伦常、历史与文化乃至国家方面的因素等），而获致的抽象的个人及其基本能力。经过知性的这种抽象，剩下的就只是自然法学家由以出发为了建构社会状态必不可少的"简单的多样性、众多属性最少的原子"了。对于这种抽象的知性概念，他在法兰克福时期即已提出批判，指出其中所包含的那种严格区分必要和不必要、本质和非本质的东西的做法本身就是有问题的。在《论自然法》中，他进一步指出，自然法学家对于所谓的必要之物和偶然之物的区分是完全任意的，他们只是为了解释的需要而将对于解释社会状态来说是必然的东西剥离出来，作为人的本质规定而设定到自然状态之中，然后又以此为前提，将社会状态从自然状态中建构出来。就此而言，经验的自然法论者实际上是在进行循环论证，他们首先从后天的东西中抽出某种所谓的"先天的东西"（"自然状态"），然后再从这种"先天的东西"出发推出后天的东西("社会状态")。

经验的自然法学家的这种做法实际上肢解了绝对理念,因其无法真正透过杂多的经验而达到对于这些经验背后的绝对统一性的把握。由此,他们也就只能在经验的外在统一性的基础上去建构伦理的整体。当然,如此建立起来的整体只能是一个外在的总体,而非内在的有机体系。由此,在自然状态的众多个体性设立起来之后,便随之出现了人与人之间的战争状态(黑格尔这里显然利用了霍布斯的理论),但由于不能达到对于人与人之间的内在统一性的理解,同时作为绝对总体的统一体(国家或公民社会)又必须要建立起来,以实现从作为战争状态的自然状态到和平的社会状态的过渡,由此不论以何种形式,必然设定一种外在的统治,克服众多原子之间的无尽纷争。

在分析了经验自然法理论的思维方式之后,黑格尔也就达到了他在这一部分的目的。在这种经验的理论中,绝对理念碎裂为几个不同的环节:自然状态、法权状态之整体的尊严和神圣性以及臣民对国家的服从。他拿这些环节与伦理理念进行比较,指出除了"自然状态"以外,其余两个环节都是包含在伦理理念之下的。只不过在经验的自然法理论中,这两个环节并非以本真的形式出现。由此,他一方面否认了自然法理论的一个根本重要的观念:个人相对于国家的绝对优先性,同时又承认了这种经验的自然法理论与他自己的伦理理论之间的内在一致性。他随即指明了这一点。由于这种自然法理论并不坚持严格意义上的逻辑一致性,由此,真正的伦理也就在其中默然地表达了出来:"通过这种方式,一种伟大、纯粹的直观就能够在其展现的纯粹建筑(在这个建筑中,必然性的联系和形式的统治并不是显而易见的)中表达真正的伦理:就像一座将其建筑者的精神无声无息地呈现于分散的材料之中的建筑,建筑者自己的总体形象没有作为形态在其中展示出来。"(*GW* 4,p. 428)由此,他实际上肯定了这种经验理论所具有的合理性:它以经验的方式把握到了伦理的本质,其缺陷在于,它不能"将它把握和贯通的东西提升到观念性的形式,并意识到它就是理念"。由于这种逻辑上并不强求严格一致的经验主义与绝对理念之间的这种内在契合,所以他在这部分考察的最后为它进行了较长篇幅的辩护,以反驳严格的知性哲学对它的攻击;同时,他也指出,这种经验主义的真正缺陷在于,它无法以理性的方式把握到它直观到的内在之物,对他来说,这一缺陷唯有通过理智直观才能得到真正的克服。

（三）对形式主义的批判

第二部分考察形式主义的自然法理论,即康德和费希特的道德和法的理论(更准确地说,黑格尔在本文中考察的是康德的道德理论和费希特的自然法理论)。与法兰克福时期对康德的批判一致,现在黑格尔将费希特加到康德的阵营,对他们不加区别地进行批判。他激烈反对他们的个体主义和形式主义立场,反对他们对法律与道德("合法性"与"道德性")所做的严格区分,认为这种做法完全肢解了作为整体的绝对伦理,因此他们的法哲学所能达到的就只能是"否定的绝对物",而非"肯定的绝对物"。

他在批判一开始就指出,康德、费希特两人的实践哲学的根本特征在于其形式的无限性,即形式同内容的绝对分离。他随后便立即指出,这种无限性的本质就是"成为它自己的直接对立面……就其为纯粹同一性而言,这种形式的抽象直接就是纯粹的非同一性或者绝对的对立;就其为纯粹观念性而言,同样直接就是纯粹实在性;就其为无限物而言,则为绝对有限物;就其为无规定者而言,则为绝对的规定性。向对立面的绝对过渡——这就是它的本质——以及每一实在性之消失于其对立面之中,这是无可阻挡的"。①这

---

① 参见 *GW* 4,p. 431。值得注意的是,这一段文字很可能是我们熟知的"对立统一规律"的最早表述。

一纲要式批判的言下之意是:由于这种无限性并非作为有限与无限、形式和内容的内在统一的真无限,从这种无限性出发,必然直接到过渡到其自身的对立面:即从纯粹同一性过渡到纯粹非同一性,从纯粹观念性过渡到纯粹实在性,从绝对无限性过渡到绝对有限性。为何出现这种始料不及的、与其初衷完全相反的结果? 黑格尔将在后面的分析中进行回答。

　　接下来的内容可以分为三个部分。第一部分基于费希特的知识学,分析批判形式主义自然法的理论基础,后两个部分在第一部分的基础上,分别批判康德的道德哲学和费希特的自然法理论。

　　他从费希特知识学的基本原则出发,对形式主义展开批判。与之前在法兰克福时期批判康德法哲学中普遍概念与现实之间的对立一样,他在这里一开始就不点名地批判费希特陷入这种对立之中,只不过换成了两个不同的概念:"统一性"与"众多性"。在他看来,由于费希特无法超出知性立场,因此其知识学在提出"自我设定自我"和"自我设定非我"这两条基本原则之后,便得出了"自我设定一个可分的自我与一个可分的非我"这样一个综合命题,以实现前两个原则的综合。黑格尔的批判从费希特的这一合题开始。在他看来,这个合题仅为统一性和杂多性的外在结合,无法实现两者的内在统一;在实践哲学中,因统一性优先于杂多性,两者的统一只是达到形式的同一,两者之间的关系本质上表现为一种因果关系,而非实在物与观念物之间的绝对同一性。与他自己的体系构造相比较,费希特仅仅实现黑格尔所言的"关系"的相对同一性,因而不能"承认无差异和这种相对同一性的绝对统一性为伦理自然的本质,而是将关系或者必然性的方面认作伦理自然的本质"。如此一来,黑格尔认为,费希特也就并没有达到对自由的真正理解,"自由没有走出差异,关系或者相对同一性被弄成了本质,绝对物就只是被理解为否定的绝对物或者无限物"(*GW* 4,p. 433)。因此,费希特与康德一样,完全陷入感性冲动与理性意志的冲突之中,自由的根本仅在于自律的自由意志的形式统一性之中,而非黑格尔所追求的超出个体自由之上的伦理自由。因此,这种形式主义的立场并非绝对立场,亦非伦理的立场,并指出其根本错误在于将否定的绝对性或者无限性当成了真正的绝对物。

在对形式主义实践哲学做出这种基本诊断后,黑格尔随即转入对康德道德哲学的考察,意在揭露其中所包含的形式与内容之间的内在矛盾,以表明其无法达到黑格尔所认为的"真正的绝对物"。他对康德的批判集中在实践理性的自我立法即定言命令上面。在他看来,康德实践理性立

法的根本要求是,除去法则的所有内容,将立法的形式作为
最高法则;就此而言,与经验主义相比,康德要求严守逻辑
的同一律。当然,康德的法则不可能完全没有内容,因此其
实践理性立法的本质就是从经验中获取某个规定性,使之
与同一律结合,而将其变成一条实践理性的法则。黑格尔
据此认为,康德的道德立法就其实质而言是一个矛盾,即它
一方面要抽除知识的一切内容,然而同时法则所规定的权
利和义务的根本却在于内容的设定。因此,康德也就不可
能完全停留在形式的要求上面,而必须为其形式获得一种
内容。黑格尔指出,实际上,在康德这里,这种内容的获得
是任意的,任何一种规定性均可以被实践理性拿过来,然后
将其宣布为一条法则。他以康德所言的寄存为例,指出,实
际上康德所言的法则的检验标准并不成立:没有寄存物,其
中并无任何矛盾。他进一步指出,就"财产权"和"无财产
权"(Nichteigentum)这两个对立的规定性而言,实践理性选
取其中的任一规定性作为法则的内容,均无任何矛盾。由
此,他认为,根本问题不在于法则的形式,而在于立法之前,
立法者在相互对立的规定性之中,选取哪种规定性作为法
则的内容。据此,他认为,康德所言的实践立法的形式要求
实属多余。

　　接下来,他还进一步指出,其不仅多余,而且虚假,由它

而获得的道德法则只是一条非伦理的法则。他提出这一指控的理由是，一个并非绝对物的规定性（对他来说，任一规定性都是有限的，都有与之对立的规定性）通过实践理性的立法接纳到统一性的形式之中，其性质即骤然改变，变成了一个绝对物。他具体分析了发生这种转化的根本原因。本来同一律的表达是"规定性 A 就是规定性 A"，若用"财产权"置换"A"，即可获得"财产权就是财产权"（当然同样也可以得到相反的命题"无财产权就是无财产权"），这是真正的同义反复；然而通过实践理性的立法，前述命题却变成了："财产权是一种所有人都会同意并且遵守的绝对权利"。由此一来，有限的规定性（"财产权"）便成为一个绝对的、无条件的东西。他明言，这种变化的根本机制在于"绝对形式与有条件的质料的混淆"，这一点构成了"纯粹理性的实践立法的秘诀"（*GW* 4，p. 438）。

在指明了实践立法的这种化有限为无限的诀窍之后，黑格尔随后分析了其中蕴含的根本矛盾，即形式和内容的矛盾，内容有限，而形式无限；实践理性的立法只是将内容上的有限物变为形式上的无限物，然而并没有由此扬弃内容的有限性。相反，真正的伦理不仅要将内容提升为普遍化的形式，而且还要扬弃内容本身的有限性和规定性。这就要求超出法律和道德的立场，而进入真正的伦理领域。

对黑格尔来说,真正的理性不是法律(或道德)的理性,因为这种理性的本质是知性,是死抓住有限的规定性不放的有限理性;真正理性是超出规定性之上的理性(即他此时所言的"理智直观"或"先验直观"),对这种理性来说,真正"理性的东西乃是规定性的无差异,有条件者的被扬弃了的存在"(*GW* 4,p. 439)。在这种理性面前,一切规定性(帮助穷人、抗击敌人、保卫祖国)都是有限的、有条件的,而非绝对的、无条件的。因此,如果将这些规定制定为普遍的立法原则,其结果正好与康德所言相反,只会导致自相矛盾和自我取消。然后,他进一步指出,为何这种实践理性的立场是一种非伦理的立场。其根本理由在于,这种实践理性无法超越有限和特殊的规定性,从而形式和内容不能达到真正的统一,而是陷入对立之中,主观和客观发生分离,因此,也就无法上升到真正的伦理。立法的理性想要达到无限性,但它能够抓到的只是其反面,即绝对的有限性。

在批判完康德的道德形式主义之后,黑格尔最后转向对费希特自然法理论的批判。之所以选择费希特而不是康德的法学体系,很可能是因为费希特的体系更为一贯。他明言:费希特的体系是"最一贯的、最少形式的"(*GW* 4,p. 443)。与康德一样,费希特同样从个体自由出发建构其法哲学。他将个体的绝对自由称作原始权利。在法律和道德分离的前提下,个人通过一个外部的强制秩序限制自己的原始权利,通过国家契约进入国家即法权社会。国家的设立旨在通过强制保证每一个人的自由,费希特为了防止国家侵害个人自由,也就需要人民对政府进行控制和强制,防止其偏离普遍意志,而落入私人意志之下。为此费希特提出了独特的分权理论。他放弃了行政权和司法权的分离,提出一个民选的监察院对行政权力进行监督,如果发现后者违宪,这个监督机构就有权发布禁令,停止政府的一切活动,并召集人民,对行政机关进行起诉,最后由人民大会做出裁决。[①]

黑格尔的批判直接指向费希特法学体系的根本原理,主要集中于两个根本问题,即强制及强制赖以产生的根源。他指出,由于费希特无法达到绝对无限性(或绝对统一性),其实践哲学便与在康德那里一样,分裂为以道德性和合法性为对象的两门学科。费希特的根本出发点不是绝对理念,而是主体、有限的理性存在者。黑格尔很快就提到了费希特所言的"诚实信用的丧失",这就意味着在费希特这里主体和伦理的概念完全分离开来,由此其自然法体系便成

---

① 〔德〕费希特:《自然法权基础》,谢地坤、程志民译,商务印书馆 2004 年版,第 116—117、143—150、153—190 页。

为一个外在的强制体系。

因此，在费希特的法哲学体系中，普遍意志与个别意志便处于不可调和的外在对立之中。在这种严格对立设定起来之后，普遍意志的实现便在于从作为它的具体体现的法律出发，对背离法律规定的行为进行强制或制裁。于是，一个普遍强制的体系便在这一基础上建立起来。在国家法层面，这个强制体系要实现，便需实现政府和人民双方之间的强制，即政府对人民的强制和人民对政府的强制，这是黑格尔批判的第一点。他认为其最终结果只会造成"永久的静止"，而不是"永久的运动"。然后，对于费希特的监察制度构想，他也很不以为然，认为如果监察官有权召集人民，对抗行政机构的话，那么一方面，这些监察官与行政官员一样都是私人意志，并以法国革命中的行政权和立法权互斗的例子，指出其不可行；另一方面，按费希特的设想，监察机构有权召集人民对它和行政机构之间的纷争进行裁决，对此他认为，这样召集起来的民众只会是暴民，他们并未受过公共生活的训练，只会关心私人利益，不可能维护公共利益。由此可知，黑格尔此时即已开始反对人民主权。

其后，他进一步指出，这种强制理论的根源在于由其抽象思维产生的普遍意志与个人意志之间的完全割裂与根本对立，由此康德、费希特只能达到抽象概念的统一，这种统一仅为外在的、强制的统一,而非黑格尔理解的真正统一,即内在的伦理的统一性。同样,费希特所达到的自由也只是外在的强制自由,而非真正的伦理自由。他接下来花了较大的篇幅批判费希特的这种自由观。

他将这种自由界定为选择的自由。这从前面对康德的批判可以得到理解。康德的立法是从对立的规定性(如"财产权"或"非财产权")当中择取其一,作为立法的内容,并予以普遍化。对黑格尔来说,一旦如此立法,则个人即陷入有限物之中,因为真正的自由、无限是不受制于某一特殊的规定性的。因此,当立法者选取某一规定性("＋A")时,与之对立的规定性("－A")也就同时设定起来,反之亦然。个人由此落入必然性的主宰之下。而对黑格尔来说,真正的自由是不为规定性所拘,而是超越并且扬弃对立的规定性。他以刑罚为例予以说明。有别于之前他在法兰克福时期的命运的惩罚和法律的惩罚的区分,在这里他区分了作为报复的惩罚和作为强制的惩罚,并将前者视为真正的惩罚。因此,对他来说,真正的自由并非基于(法律的)普遍性与个人对立的外在自由,而是消除了这种对立的伦理自由。当然,这并不意味着,他完全否认这种外在自由。相反,在伦理理念的关系领域,占主导地位的就是这种外在自由。他的立场是,一方面,在需要外在自由处,则为其保留一席之地;另一方面,他的态度也很明确,他并不认为这种外在自由就是真正自由,或者全部自由。相反,真自由是在扬弃或者"克服"这种外在自由之上而建立起来的伦理自由。论文第三部分就是这种伦理自由观的最早表达。

(四)对伦理体系的简要勾勒

这一部分正面阐述黑格尔对伦理体系的最早的基本构想。这一部分又可以分为两部分:(1)对伦理体系的简要阐述;(2)从精神哲学(艺术、宗教与哲学)出发审视伦理。显然,与其1805/06年《精神哲学》一样,黑格尔并未将他后来称之为"绝对精神"的"艺术、宗教与哲学"与伦理体系截然分开。

他一转入这个部分,便立即指出,"我们的前提就是肯定的东西,即绝对伦理总体无非是一族人民"(*GW* 4, p. 449)。这一论断表达了他与近代自然法理论在基本立场上面的根本对立。从图宾根时期构建人民宗教起,古典城邦即已成为青年黑格尔心中国家的典范。1799年,他开始研究德国宪法,阅读马基雅维里,深刻领会到现代欧洲是一个以民族国家为中心的国际体系,各国处于霍布斯所言的"自然状态"之中,一个国家若不成为一个统一、强大的民族国家,就会受他国摆布,任人宰割,国家残破,人民遭受奴役,波兰、意大利即为显例,德国也有步二国之后尘的危险。由此,到耶拿时期,他青年时代怀抱的对古典希腊政治城邦的向往便与创建统一的人民国家的迫切需要内在地结合起来。《论自然法》的伦理体系正是这一观念的最早的公开表达,柏拉图、亚里士多德等人的政治观念和自然法思想构成了他构建其伦理体系最重要的理论来源和权威。

因此,一方面,人民作为伦理总体,与其他各国人民并立,彼此处于战争状态。黑格尔认为,唯有通过生死战斗和牺牲,人民才能超出其内部对立和分裂,成为一个整体;同时,也唯有战争才能提振一族人民的精神,使其超越庸常俗气的生活,从而保证伦理生活整体的健康。他明言:"正如风的激荡使湖水不至于成为一池腐臭的死水一样,战争也在各族人民反对各种规定性、反对这些规定性的惯习和僵化的无差异中维持各族人民的伦理健康,俾使它们免于因长期、永久的和平而导致的腐臭"(GW 4,p. 450)。近二十年后,他在《法哲学原理》中照录了这段话,表明他的这种见解始终未变。①

在作为个体性的人民内部,与他对绝对理念的理解(参

---

① 参见〔德〕黑格尔:《法哲学原理》,范扬、张企泰译,商务印书馆 1961 年版,第 324 节"附释",第 341 页。

见表1)相一致,他将伦理总体划分为三个大的领域,即军政领域(国家)、法权领域和经济领域(国民经济学体系),后两者构成与政治国家相对的相对伦理领域。绝对伦理总体的结构如表2所示:

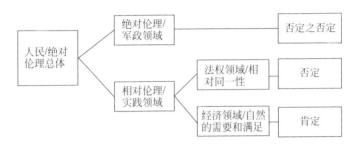

表2　绝对伦理结构示意图

在这个体系中,他尤其关注伦理整体对经济和法权领域的超越和限制,因此,国家一方面固然要让人民拥有经济自由,使人民的生活有保障,另一方面又要防止经济领域膨胀坐大,支配国家的政治和军事生活;即,国家要通过国家开支、提税、战争、抑商等措施保证其对经济活动的绝对支配。其次,他在从绝对伦理出发对法权和正义问题进行阐述时,从立法(他援引了柏拉图)和司法的角度,论述形式的正义仅为一个否定物,完全绝对的形式正义也不可能,真正的正义、绝对伦理则必须超出这种形式正义之上。

因其对伦理的理解受到古典希腊伦理思想的巨大影

响,因此等级及其德性的体系也就构成其伦理体系的必然组成部分。他按照绝对伦理和相对伦理的划分,将等级划分为自由人等级与非自由人等级,前者为从事公共事务的等级。同时,他追随柏拉图,将哲人也纳入这一等级。非自由人等级包括工商业等级以及与之相关的法律职业等级。此外还有作为第三等级的农民等级。这三个等级各有其德性:第一等级的德性是勇敢,第二、三等级的德性分别是诚信和信赖。①我们由此看到黑格尔在此文中竭力仿效古典政治哲学基于人性差异建构德性体系的明显意图。为此,他一方面引证柏拉图、亚里士多德,认为高贵等级支配下层等级合乎自然,另一方面引证吉本的言论,指明因罗马帝国时期共和精神的衰落,高贵等级丧失了公共精神,由此与第二等级混杂,公民沦为私人,形式的平等和法律的正义占据主宰,绝对的伦理自由遭到毁灭,一去不复返。黑格尔想要通过重建高贵等级,再次实现两个等级之间的分离与和解,以达到希腊古典伦理精神的复兴与伦理共和国的重建。

之后,他即转入艺术(悲剧和喜剧)、宗教和哲学。在法兰克福时期,悲剧即已成为黑格尔哲学的一个根本主题。

---

① 黑格尔在《论自然法》中仅指出第一等级的德性("勇敢"),在《伦理体系》中,他指出了第二、第三等级的德性。

在耶拿末期的《精神现象学》中,他同样通过分析希腊悲剧(索福克勒斯的《安提戈涅》《俄狄浦斯》、埃斯库罗斯的《七雄攻忒拜》等),阐述古典伦理精神。此文中,黑格尔借埃斯库罗斯《俄瑞斯特》表达他的和解观念。与犹太人和基督教的悲剧不同(在犹太人和基督教那里,只有分裂,没有和解),古希腊悲剧表达了悲剧的纯正观念,即绝对物的自身分离与和解,从而构成伦理精神的真正体现。他认为,与希腊悲剧相对,后世的喜剧将其两个方面——神性与人性——绝对分裂开来,由此缺少了真正的命运和斗争,也就根本谈不上分裂的和解。但丁的喜剧(《神曲》)抓住了神性的一面,忽略了现实的人性方面,近代的喜剧却执着于人性的一面,两者都缺乏严肃的命运和斗争,沦为单纯的游戏。

　　然后,他由艺术转入宗教,指出一方面宗教的经验意识作为伦理的实在性方面,以一种走样的形式将绝对伦理表达了出来,从而达到了对伦理的绝对无差异的自然的直观;同时另一方面,在这种经验意识中,伦理自然作为神圣的东西,仍然只是一个异己之物。换言之,它一方面与绝对伦理达到了统一;另一方面,宗教意识无法把握到绝对伦理的真正本质,因而只是"通过畏惧和信赖如同通过服从而与它合一",也就是"在共同的神和对神的侍奉中与它完全统一"(*GW* 4, p. 462)。黑格尔这里所言的宗教,显然不是他一向批判的基督教,而是与国家伦理内在统一的人民宗教。他一方面肯定了这种宗教与伦理的内在统一,另一方面也指出了它的不足,即对它来说,绝对伦理还是一个"异己之物"。这表明,在他看来,纯粹宗教立场已经无法达到对伦理本质的真正把握。我们由此可以窥知他从宗教探讨转入哲学研究的根本原因。

随后他便从哲学体系的角度对绝对伦理生命的理念做进一步的描述。这里,他不再停留于单纯伦理哲学的立场,而是基于整个哲学体系的立场理解绝对伦理的理念。因此,从他这一时期的同一哲学出发,黑格尔对绝对物的两个属性——物理自然和伦理自然——加以比较。由于前文已经对伦理体系进行了全面阐述,他便将其笔墨主要放在自然哲学上面,并在论述的最后对自然和精神的地位提出了自己的看法,明言"精神高于自然"。这是因为,虽然二者都是绝对物的属性,但他认为,精神本身也包含了自然,并构成它的绝对观念性(*GW* 4,p.466)。这一论断暗示了他想要超出谢林自然哲学的意图。

在阐明伦理在哲学体系中的地位后,黑格尔进一步考察伦理哲学内部分支学科之间关系。他的观点与西方近代自然法理论完全相反。他追溯"道德"(Moralität)一词的词源,指明其与希腊文一样,都是来自一种整体性的"伦常"

（或"风俗"），而非个人意义上的"道德"。因此，在个人伦理与绝对伦理的关系上，后者构成前者的本质，他由此颠倒了道德学和自然法之间关系的近代理解，认为真正意义上的自然法以绝对伦理为对象，道德学则仅仅关乎个人的伦理。由于他在伦理整体的意义上理解"自然"，将绝对伦理理解为真正的自然法，因此他必然严厉批判西方近代自然法，甚至斥之为"自然的非法"。尽管如此，他依然肯定了近代个体主义自然法理论的地位，指出第二等级的伦理自然——其实质为形式的平等——也具有其稳固的地位；只是与前述绝对伦理相比，它处于依赖的地位。换言之，黑格尔只是试图限制近代自然法理论的主宰地位，而非完全否认之；这表明，他要在主导性的绝对伦理之中为其保留一席之地。由此，他也就不能满足于对于个人道德的自由主义理解，而是列出爱帕美浓达、汉尼拔、恺撒等人，希望现在也能在个人身上看到古典德性的绽放。

黑格尔最后处理古典德性政治的两大主题：教育和立法。前者关系到个人德性的养成，后者涉及绝对伦理的生成。当然，这不过是同一事物的两个方面。就前一方面而言，他明确赞成毕达哥拉斯派学者的说法，直言最好的教育就是生活在制度良好的国家。因此，根本问题在于伦理性人民的形成。对他来说，关键在于通过立法形成良好的制度和风尚,并使之成为人民崇拜的对象。

（五）自然法与实定法学的关系

　　文章的最后部分处理自然法和实定法学的关系,这也是他首次发表自己对实定法学的看法。与之前主要从个体角度出发讨论宗教的实定性不同,现在他基于绝对理念的哲学体系阐述他对实定问题(也就是异化问题)的新见解。

　　黑格尔从他的哲学体系观出发,指明各门具体科学作为哲学的一个部分(他采用了谢林的"阶次"这一术语),都从哲学获得各自的规定性与界限。法学(自然法)自然不能例外。哲学与自然法的关系在于,后者作为前者的一部分,将前者未曾展开的相关规定阐发为一个具体的体系;同时另一方面,自然法依然谨守其在整个哲学体系中的位置,并与哲学的其他学科保持一致,以维持哲学体系的整体性。这是他对于自然法的基本理解,它构成理解自然法与实定法学的关系的前提。

　　黑格尔所言的"实定法学"并非现在意义的实定法学。由英国人奥斯丁等人引入的实定法学强调法律和道德的严格分离,并认为严格意义上的法乃是由主权者颁布的法律或命令,实定法学以这种法律(即实定法)为研究对象。黑格尔则在传统的自然法与实定法对立的角度下理解实定法学。对他来说，只要与法的本质（"自然"）不合的法，即为实定法。由于黑格尔此文将法的自然归结为整体性的伦理自然，因此，只要不是从他对绝对伦理（或自然法）理解出发的法学，都可以归于其所言的"实定法学"之下。然而，他也没有对实定法学做出明确的界定，他对实定法学的批判分析主要按照形式（普遍性）和内容（特殊性）的划分进行。随着整体和历史的维度被他带入对伦理理念的考虑之中，非具体的和非辩证的法学观点也被他纳入实定法学的范畴之下，其中便暗含了他与历史法学派之间的差别与争论。

　　黑格尔首先从经验的角度出发论及哲学与实定法学之间的关系。这种关系并非一种排斥或对立关系，因经验科学通过经验的方式无声地蕴含了哲学所追求的东西。换言之，经验科学与哲学之间具有一种无声的一致性。问题在于两者的差别何在。黑格尔认为，差别在于，经验科学仅仅满足于经验直观，因而其所得到的只是一种主观意见，并无客观性；相反，哲学则能够超出经验直观，在其中发现哲学的观点，认识经验中的具有现实性和必然性的东西。这种观点表明，他这时已经开始形成"凡是合理的都是现实的，凡是现实的都是合理的"的基本观念。他论道："并非直接的直观本身，而是被提升到理智之物当中得到思考、说明、剔除了其个别性并且作为必然性表达出来的直观，才是经验"（*GW* 4，p. 472）。这段话说明，他此时即已区分了理性的、必然的经验与非理性的、偶然的经验。经验的实定科学将这两种经验混为一谈，不加区分，因而只能是以偶然的方式表现必然的内容；相反，哲学则是在区分二者的基础上，把握现实事物的本质。由于实定科学只能抓住偶然的东西（在它这里，所有经验都是偶然的），因此也就无法达到对事物本质的理解，唯有哲学才能达到这种理解。因此，相对于实定科学，哲学拥有绝对权能。

他批判实定法学的第二点是，由于经验思维的抽象性（因其不可能从事情本身的整体联系中去思考某个对象的本质），就必然能够由该规定推出与之相反的结论。他以刑法中的"强制"为例，在实定法学认为存在强制的地方，哲学可以做出完全相反的解释，因为问题取决于对这种现象的解释，而唯有哲学才能给出真正的解释。不仅如此，他还进一步指出，由于实定科学坚持一个抽象的片面规定（如 + A），从而实际上陷入与其相反的规定（ - A）的对立之中，因为这两个规定实际上是同时设定起来的。最后他指明产生这种问题（即"规定性的自否定"）的根本原因在于知性的抽象思维方式本身，即将一个从整体中抽象出来的东西、一个观念性的、片面的东西设定为一个自在存在的东西、一个具有实在性的东西。黑格尔将这个观点扩展到整个伦理体系上,指出如果将适用于体系的某一阶次(或环节)的原则视为对整个体系适用的原则,同样会产生实定性问题。他援引身体的内脏想要凌驾于整个有机体之上的例子,加以说明。在法学领域,他举了国人所谓的"民法帝国主义"的例子,予以批判。他特别批判了民法取得了超出国家法甚至国际法之上的支配地位的不正常现象,痛心于自然法学派用契约理论解释国家或伦理总体的形成与本质,认为这种做法导致了"一种像契约这样的如此低级的关系的形式已经窃据伦理总体的绝对尊严地位",从而"直接摧毁了[伦理总体的]理念和绝对尊严"(*GW* 4, p. 477)。另一方面,他也同样反对国家全面介入私人领域,摧毁市民自由,认为这种警察国家就是"最严酷的专制",他还点名批判费希特想要让国家监督、了解和规定个人的行为与存在,以及使道德原则侵入绝对伦理的设想,指出这是"伦理有机体的理念的最大缺陷、最严重的专制,也是它的彻底沦丧"(*GW* 4, p. 477)。于此我们可以看到,黑格尔从他开始建构法哲学起,就绝对不是一个认为国家无所不能、无处不在、国家必须管控一切的集权主义者,而是要求国家和市民社会的分离,国家必须保证市民拥有高度的(当然并非完全的)自由。他这里表达出来的观点与他这一时期所写的《德国宪法》中的观点完全一致。他指出,为了防止这种伦理的异化,哲学必须保证伦理体系的整体性,使其各部分各得其所,各安其位,由此,切实保持民法体系对于国家法体系的依赖性。

黑格尔论自然法与实定法学的关系的第二部分以与形式相对的特殊性为中心。这就涉及一个民族的伦理、法与自然条件、历史等方面或因素之间的关系。与法兰克福时期《基督教的实定性》一文"新导言"的观点一致,他反对从脱离特殊的普遍(人性)概念出发去理解法的实定性。相反,他强调普遍物与特殊物之间的内在统一。而这只有从超出个体立场的伦理整体出发才能得到理解。他在这种视角下,讨论一族人民的伦理与其特殊存在之间的关系。他将伦理个体与一定历史时空下的气候、文化与历史等方面的关系理解为一个活的生命或者有机体同无机自然之间的关系,或者说(用他本人的例子)鱼和水、空气和鸟之间的关系。这里必然和偶然、普遍和特殊是内在统一起来的,没有任何实定的因素出现。之后,黑格尔从更高的世界精神的立场进一步论述实定性问题。正如生命在不同的生命物中有不同程度的表现,世界精神也在世界各族人民当中有不同程度的展现。在这种理解下,也可能出现精神的实定化。黑格尔提到了采邑制和奴隶制。他认为,欧洲中世纪以来的采邑制并非自始就是实定的。如果采邑制表达了生活于其中的人民的生命,则它就不是实定的,反之就是实定的。对于奴隶制,他说,一个软弱的民族即使奴役于人也并不一定就是实定的,如果其人民满足于这种受奴役的状态的话。黑格尔指的应该是犹太人的生存状况,这是他之前对犹太人的境况的一贯描述。显然,这是从人民的精神与其制度之间的关系出发考察实定性问题。

从前文的论述(尤其是各族人民与其气候、历史等之间关系的论述),可以清楚看到黑格尔与孟德斯鸠之间的高度一致性。对此,他自己也并不讳言,而是直接挑明,强调要从民族的个体性以及超出其上的更高的普遍必然性出发理解法和伦理的本性。

精神的实定化的另一原因(也是最后一个原因)是,精神自身作为一个总体必然包含了各个不同的环节(或阶次),精神的发展就是从一个阶次向另一阶次的进展,如果不顾精神的总体及其发展,一味坚持其中的某个阶次,就会导致对精神的实定化理解。简而言之,精神的发展是一个新生命逐渐产生、旧事物逐渐消亡的过程,如果人们人为地抓住旧事物不放,便陷入对精神的实定化理解。黑格尔明确反对这种固守旧伦理、旧法制的观点,对后来著名的历史法学派的基本立场进行了激烈批判,指出历史法学派对法律的历史研究不过是要获得对法律和制度的纯粹历史的解释,然而这种历史知识即使在当下有效,也并无实际意义。

最后,黑格尔对这部分内容做了一个总结,指出一方面既不能将行将作古的旧事物、旧法制、旧伦理永恒化,另一方面也不能将否定的东西作为肯定的东西来对待。前者指向后来历史法学派的基本立场,后者指向以康德、费希特为代表的自然法理论。对他来说,这两派都是实定法学的不同类型。如果德国法学陷入这两种实定法学之中,那么德国就永远不会有"统一和整体"。但他相信,绝对精神的发展不可阻遏,新事物的产生和旧事物的灭亡为必然之事。身处新旧交替的过渡时期,他明言,这个时期的"不幸在于,新事物还没有强大到足以绝对消除过去之物的程度,因此其中尚有实定之物存在"(*GW* 4,p. 484)。尽管如此,青年黑格尔仍然对未来充满信心,他以自然界的实例(金属的液化)为喻,指出新事物的发展必将产生"一次飞跃",伦理个体由此获得新的形式。实际上,黑格尔在这里最早表达了由量变到质变的重要规律。

文章最后,黑格尔再次回到形式主义,指明其伦理哲学对形式主义的克服。这表明,批判和超越康德、费希特的形式主义,构成其法哲学的根本关切。他明确反对康德的"无形态的世界主义""空洞的人权以及同样空洞的万民国家与世界共和国"(*GW* 4,p. 484),显示出他与康德的立场之间的根本对立;同时,他也不完全否认形式主义,但强调形式主义在其体系中仅为否定物,他所构想的绝对伦理通过"承认这个否定物的权力和王国"(*GW* 4,p. 485),克服了对立的命运,获得全新的生命。这是伦理悲剧的根本意义所在。

三、《论自然法》简评

在西方近代法学的历史发展中,黑格尔法哲学可谓处于中心的枢纽地位。在它之前,为西方近代自然法理论的兴盛与繁荣时期。黑格尔的批判使自然法理论走向终结与完成。①在他之后,法学研究的主题从国家转向社会。在德国,马克思对黑格尔法哲学的批判成功实现了这一研究范式的重大转变。就此而言,黑格尔法哲学不仅终结了自然法理论,而且开启了后来的社会法学。

意大利著名学者博比奥曾经系统地总结过黑格尔对西方近代自然法理论的消解与终结,并将其归结为如下几点:(1)黑格尔从伦理整体出发,批判近代自然法从个体出发的

---

① 此为意大利著名学者博比奥之见,参见 M. Riedel(hrsg.) , *Materialien zu Hegels Rechtsphilosophie*, Band 2, Frankfurt am Main; Suhrkamp Verlag 1975, p. 81。

基本立场,摧毁了自然法理论的根本前提。① (2)批判自然法的社会契约论。英国的休谟、边沁、法国的圣西门等人均对自然法的社会契约论进行过批判,然而黑格尔的批判的独特之处在于他从理性而非经验的角度出发,指明普遍意志无法由个人意志凑集而成;由此,他将契约概念限于私法领域,指出若将其扩展至国家法,必然导致国家的败坏。② (3)对于自然状态,黑格尔指出它并不是一种臆想的天真状态,而是实际的暴力状态,是一种不法状态。他并未抛弃自然法理论的自然状态概念,而是将其理解为国与国之间关系的实际状态,并认为这种状态实际上无法消除。由此,他一方面否认了作为自然权利的人权以及处于国家之外的作为法治状态的普遍共和国,另一方面又强调由自然状态引发的战争对于一个国家伦理健康的积极作用及其对于世界历史的推动作用。③ (4)黑格尔在法律和道德之上,引入新的伦理的维度,并将其视为一个有机的整体。④ (5)黑格尔通过伦理总体消除了自然法和实定法之间的区分。⑤

---

① M. Riedel (hrsg.), *Materialien zu Hegels Rechtsphilosophie*, Band 2, Frankfurt am Main: Suhrkamp Verlag 1975, pp.86—87.
② 同上书,第87—89 页。
③ 同上书,第89—90、98—99 页。
④ 同上书,第90—91 页。
⑤ 同上书,第91 页。

博比奥的分析主要基于黑格尔晚期的《法哲学原理》。我们可以通过归纳《论自然法》一文的基本观点,厘清此文在黑格尔法哲学思想的形成和发展中的作用。对此,我们可以从以下两个方面进行考察:(1)黑格尔对西方近代自然法理论的批判;(2)黑格尔自己的法哲学体系建构的成熟程度。

首先,就其对自然法理论的批判而论,《论自然法》清楚表明:(1)黑格尔在此文中已经基于伦理整体对自然法理论的个体立场进行批判。这是黑格尔与近代自然法理论的根本分歧所在。从本文前两部分的论述可以明确看到,黑格尔在耶拿时期以前批判客观宗教或者实定宗教的核心,就是基于古典城邦的理想批判随着基督教的产生而在西方精神中生发出来的个体性精神。在《论自然法》中,无论是对经验主义自然法的批判,还是对形式主义自然法的批判,莫不指向作为二者之出发点和根本前提的个体主义。与法兰克福时期不同的是,黑格尔在耶拿时期明确转向哲学之后,便开始在《论自然法》及《伦理体系》等法哲学著作中积极建构伦理体系。(2)黑格尔在《论自然法》中即已开始批判社会契约理论。但有意思的是,他在批判自然法理论的前两部分并未明确发起对社会契约理论的批判,仅在论文最后一部分,他才批判自然法理论对契约理论的误用,指责其将一个低级的民法学上的概念,错误地运用到国家法甚至国际法当中。这是黑格尔的契约观念的最早表达,《法哲学原理》对契约的看法并无根本改变,但更加明确地批判社会契约理论的内在缺陷。(3)对于自然状态学说,《论自然法》一方面明确批判其为虚构,实际上是一种现实的社会状态的抽象表达,另一方面又明确承认国与国之间、人民与人民之间处于战争状态,由此出发批判自然法的先于国家的人权、世界共和国、世界主义等观念的虚妄,同时还赋予国族与国族之间的这种战争以一种积极的伦理精神上的意义。因此,《论自然法》实际上已经将黑格尔对自然状态的一贯看法明确表达出来,《法哲学原理》中的观点与之完全一致。(4)在作为整体的伦理与近代自然法理论的二分的法与道德之间的关系上,《论自然法》的基本看法。在法兰克福时期对康德哲学的批判中,黑格尔即试图用生命完全消解法律和道德的分离。《论自然法》同样没有为现代的法与道德留下多少余地,而是试图作为整体的伦理取消法与道德的分离,由此,现代意义的法与道德的分离照样未获承认。这与《法哲学原理》对法、道德和伦理之间关系的处理大相径庭。(5)博比奥所言的通过伦理总体消解自然法与实定法之间的对立的观点也已经在《论自然法》中表达出来。黑格尔将伦理总体与气候、历史、文化等因素之间的关系理解为有机物与无机自然（如鱼与水、飞鸟与空气）的关系，其间并无实定性成分出现；相反，法的实定性出现在其他情况，如伦理体系的一部分超出其在整个体系中的地位，而被视为整体时，或者旧的伦理制度不能适用时代变化的情况，等等。

黑格尔对自然法理论的批判，除了博比奥所列的前述方面之外，还可以补充以下两点：（6）对西方近代自然法理论的抽象思维方式的批判。从法兰克福时期开始，黑格尔即开始对近代自然概念进行批判，这种批判涉及黑格尔与自然法理论之间争论的根本。换言之，西方近代自然概念基于抽象的知性思维。无论是经验的自然法理论，还是形式主义的自然法理论，《论自然法》批判得最厉害的就是它们的具体观念背后的这种抽象思维方式。这是因为，这种抽象的思维方式导致了法学概念的形式与内容、必然与偶然、普遍与特殊之间的对立与分离。黑格尔提出伦理理念的根本，就是要克服近代自然法理论的概念所包含的这些根本对立，从而实现对立双方的内在结合。当然，在《论自然法》中，黑格尔借助谢林的理智直观，而非成熟时期的具体的理性思维，来达到这一目的。（7）对强制学说的批判。与契约论内在相关的，是自然法的国家和刑罚理论表现为一种强制理论，其根源在于自然法理论的个体主义以及法律与道德的分离的根本预设。黑格尔明确反对将国家理解为一架强制机器,并且试图通过伦理国家的构建克服自然法的这一观念。这一点涉及到对国家以及刑罚的本质的根本理解,构成了黑格尔与近代自然法理论的一个重大分歧。黑格尔成熟时期法哲学依然延续了这种思考。

此外,就黑格尔法哲学体系的成熟程度而言,实际上这一点取决于他对西方现代个体性原则的承认。在他确立了整体优先的基本原则之后,如何评估个体性在现代社会生活中的地位,就成为其整个哲学体系(包括法哲学)牵一发而动全身的根本问题。《论自然法》中,他一如既往,沉浸在对古典城邦的向往之中,其伦理体系基于柏拉图、亚里士多德等人阐发的古典政治伦理精神构建。尽管有学者(如德国学者霍斯特曼等人)坚持现代社会的因素("需要和劳动的体系"等)在这个最早的伦理体系中的重要性,但毫无疑问,在决定性的古典实体性的伦理精神面前,现代的个体性原则并未得到真正承认。在同时期的《伦理体系》中,这一点表现得更加清楚。他按照亚里士多德的《政治学》建构其伦理体系。《伦理体系》第一部分为"按照关系的伦理"(即其内容为"家庭"),第二部分"否定或纯粹自由或犯罪"为第一部分即家庭的否定,第三部分"伦理"谈论的是超出家

庭之上的作为伦理有机体的"人民"。①黑格尔将"政治经济
学体系"放到第一部分(即"按照关系的伦理")进行论述,②
而非如晚期《法哲学原理》将其安排到"市民社会",表明他
仍然在经济学的古典含义("家政学")下处理现代政治经济
学。这也表明,在耶拿前期,黑格尔对理论体系的建构完全
基于古典精神之上,《论自然法》本质上是一部不折不扣的
复古之作。此外,从哲学的角度来说,尽管黑格尔此时在
对自然法的批判中开始阐发一些重要的基本原则,③但其
哲学体系高度依赖于经过谢林进一步发展了的斯宾诺莎
实体哲学,无论是其中的基本思想,还是其所运用的术语
和方法,都高度依赖于谢林哲学。无论是伦理体系上对亚
里士多德等人的依赖,还是哲学体系上对斯宾诺莎-谢林

---

① G. W. F. Hegel, *System der Sittlichkeit*, mit einer Eint. von Kurt Rainer
Meist, hrsg. von Horst D. Brandt. Felix Meiner Verlag, Hamburg 2002, pp. Ⅴ—Ⅵ.

② G. W. F. Hegel, *System der Sittlichkeit*, pp. 5—33.

③ 黑格尔的不少高度原创性的哲学思想在《论自然法》中开始表达出
来,如在批判康德、费希特的形式主义时,指明形式主义命题的必然结果是向
对立面的转化;同时,他在此文中将形式主义所达到的绝对物称为"否定的绝
对物",而将他自己通过否定这种"否定的绝对物"而达到的绝对物称作"肯定
的绝对物",实际上表达了"否定之否定"规律的基本观点;还有,他在论及旧时
代、旧制度向新时代、新制度过渡时提出,随着新事物的逐渐强大,必然会导致
"飞跃",这种观点实际上表达了从量变到质变的基本规律。这样,我们不仅能
在此文中看到被后人总结为"辩证法的三大基本规律"的重要思想的最初表
达,而且能够更加清楚地认识到它们的真正由来和内涵,也能更加清楚地洞察
到黑格尔的逻辑学与其实践哲学之间的内在关联。

的依赖,都表明此时黑格尔的(法)哲学体系尚处于初创和模仿阶段。

　　黑格尔(法)哲学体系的成熟,与其在耶拿后期转向费希特哲学,进而再度肯定个体性原则内在相关。到1805/1806年,随着对费希特哲学的更加深入的研究和接纳,他终于深切认识到古典社会中个体意识的缺乏,从而达到对个体性原则的进一步的肯定。因此,他在耶拿末期的《精神现象学》中宣称,不仅要把真实的东西理解和表达为实体,而且同样要将其理解和表达为主体(*GW* 9, p. 18)。这一宣言标志黑格尔哲学思想真正走向成熟。随着个体性原则的确认,黑格尔成熟的法哲学就不再是消除自然法理论中的个体性原则以及与之相联的法律和道德、合法性与道德性的分离,不再是重建古典伦理,而是将现代自然法理论的成就作为其伦理体系建构的自明前提和出发点;在他的成熟法哲学体系中,近代以来的法律和道德并非无效,而只是不够,因此,需要用"伦理"来补全它们之不足。如此一来,《法哲学原理》中的"伦理"也就不再是古典城邦伦理的恢复,而是一种全新的伦理的创生。黑格尔晚期法哲学要实现的,并非古典伦理的实体精神与现代个体精神的和解,而是在西方近代个体性原则的前提下,开创全新的伦理空间,在其中实现实体原则与主体原则的内在统合。就此而言,《论自然法》只是一个失败了的思想实验。它的真正意义在于,古典伦理为他敞开了一个不同于现代世界的生活空间。对现代社会的失望使他遥望这个美丽空间,并沉浸在这个美丽的幻想之中。黑格尔的伟大在于,他最终能够清醒地认识到,过去无论多么美好,终究已为陈迹;正如成人回不到孩童岁月,现代人也回不了过往的岁月,无论它曾经是多么美好的黄金时代。与现实和解,在现实的基础上追寻真正合理的东西,乃是黑格尔的艰苦探讨所获得的真正结论。"这里有蔷薇,就在这里跳舞罢",①这句话道出了他的肺腑之言。

　　随着个体性原则的确认,晚期黑格尔法哲学对伦理体系的建构也就完全不同于《论自然法》中的伦理体系。这种区别最明显的表现和标志是市民社会理论的提出。在耶拿前期,黑格尔在古典政治学的视角下看待现代社会的经济活动,将近代的需要和劳动的体系置于自然伦理("家庭")之下。这种做法实际上犯了时代错乱的错误。《法哲学原理》将市民社会与家庭分开,将其作为一个独立于家庭与国家的伦理环节,完全突破了古典伦理体系的基本结构。同时,更加重要的是,市民社会理论实现了其所批判的自然法

---

　　① 〔德〕黑格尔:《法哲学原理》,第12页。

理论中的形式主义与政治经济学的内在结合,将法律理解为现代社会经济活动自身的产物,克服了形式主义法理论中所固有的形式与内容分离的根本缺陷。由此,其晚期法哲学不仅用市民社会取代了虚构的自然状态,从而实际上克服了自然法理论的根本缺陷,而且随着它将社会经济领域与法律成功结合起来,实际上为社会理论的发展提供了理论前提。马克思正是通过批判黑格尔法哲学对市民社会与政治国家之间的关系的根本理解,得出了市民社会构成政治国家的前提和基础的重要结论。

综上所述,大致可以得出这样的结论:《论自然法》对近代自然法理论的种种批判,与黑格尔晚期《法哲学原理》中的观点大同小异,表明了他在这一方面的前后一贯性和连续性;另一方面,就其法哲学体系的构建而言,则《论自然法》为黑格尔构建其伦理体系的最初阶段,其中的伦理观念尚处于古典伦理的决定性影响之下。由于个体性原则还未获得充分承认,因此,他此时还完全意识不到其成熟时期的事业——在承认个体性原则的基础上重建伦理体系。大体而言,我们可以说,黑格尔在《论自然法》中已经完全指明了他所要克服的西方近代自然法理论的根本缺陷与不足,然而到底如何基于时代精神的把握真正克服和超越这种自然

法理论,他此时还无能为力,只能乞灵于古人。①就此而言,
《论自然法》与《法哲学原理》之间的差距,完全不可以道
里计。

---

① 　我们的这种看法大致可以解决学界关于《论自然法》一文的有关争论。
一派(以罗森克兰茨等人为代表)认为在《论自然法》和《法哲学原理》之间存在
着连续性和一致性,后者的基本观点已经以一种简明扼要的方式在《论自然法》
中表达出来;相反的一派(以里德尔为代表)则认为这两个文本存在着根本断裂。
实际上,两派的关注点并不相同,从而得出了截然不同的结论。这两种观点的分
歧,参见 Manfred Riedel, *Between Tradition and Revolution*, Cambridge University
Press 1984, pp. 76ff. ,以及 Zhi-Hue Wang, *Freiheit und Sittlichkeit*, Königshausen &
Neumann 2004, pp. 71—72。

目　　录

引　言

如同机械学、物理学等其他科学一样,自然法学尽管作 418
为一门基本的哲学科学为时已久,并且被视为哲学科学的
一个基本部分(因哲学必有其部分),然而它与其他科学的
命运却如出一辙:换言之,哲学的哲学成分仅仅归于形而上
学,其他科学则与之无缘;相反,人们认为,其他科学的特殊
原则绝不依赖于理念。最终,上述科学便不得不或多或少
地承认,它们远离了哲学,均将素称的经验作为它们的科学
原则,从而放弃了成为真正科学的要求,满足于经验知识的
搜集,以及假设性地(bittweise)运用知性概念,由此也就不
想主张任何客观的东西。如果这种自称哲学科学者首先违

背己意,被摈斥在哲学与一般的科学范畴之外,尔后最终安于这种地位的话,那么这种摈斥的根据也并不在于那些所谓的科学不是从哲学科学本身出发,不同它保持有意识的联系;因为哲学的每一部分皆能各自成为一门独立的科学,获得一种完全、内在的必然性,盖因使之成为真正科学的,乃是绝对物。在各个形态中,唯有绝对物才是居于该科学的认识和自由的领域之上的真正原则,在与绝对物的关系中,各门科学处于一种外在的必然性之下。然而理念自身并不为这种规定性所拘,就像绝对生命表达在每一生命物当中一样,理念亦能如此纯粹地反映在这门特定科学中,而不需要这门科学的科学成分(或者说它的内在合理性)显露无遗,让自身上升到每一科学的本质,即理念的纯粹形式。在作为绝对科学的哲学中,理念的纯粹形式就是这种纯粹的理念。几何学为每门科学自身的自由的科学发展提供了光辉灿烂的、令其他科学艳羡不已的典范。同样地,也并不因为如同前述那些科学真正说来是经验性的,就必须完全否认它们的实在性;因为哲学的每一部分或每一方面皆能成为一门独立的科学,因而每门科学也就直接具有一种独立、完美的形象,并且在一种形象的形态中,一种纯粹而幸福地摆脱了僵化概念影响的直观将其接纳并展示出来。

但是科学的完善既要求直观和形象与逻辑相统一,并

接纳到纯粹观念性［领域］之中去，也要求区分开来的、然而
真正意义上的科学消除其个别性，其原则按照它的更高的
联系和必然性得到认识，由此而获得完全的解放——唯其
如此方能认识科学的界限，无此原则，则此科学即无从知晓
其界限；因为不然的话，它必然早就超出其自身之上，按照
其原则在绝对形式中的规定性去认识这一原则的本性了；
因为从这种知识，它就会直接获得其不同规定性的同等程
度的知识和确定性了。然而，［由于不能做到这一点，］它就
只能经验地对待它的界限，并且必然会时而错误地想要越
出界限，时而又认为界限要更窄一些，由此导致其范围产生
了完全始料不及的扩张；比如几何学就是如此——尽管几
何学能够证明比如说正方形的对角线和边长之间不可通
约，但是并不能证明圆的直径和周长之间不可通约①——算 419

---

① 费希特（在《自然法》“导言”中）得意于其对于第二种不可通约性的理
由的洞见的简单性：“严格说来，曲线即非直线。”这种理由之肤浅可望而知，并且
直接受到前一种正方形的对角线与边长之间的不可通约性的反驳（因为正方形
的对角线和边都是直线），它也同样受到抛物线的积分的反驳。至于这里他在面
临数学的无限时寻求的来自“健全人类理智”的帮助，即“一个无限多的边的多
角形，正因为它是一个无限多的边的多角形，因而无法测量”，则一方面，同样的
帮助亦可用来反对绝对理念应当由以实现的无限进展，另一方面则对于主要的
事情，即肯定的无限——它不是无限的量，而是同一性——也没有规定是否要设
定起来；同样，对于可通约性或者不可通约性，也没有做出任何规定。——黑格尔
原注
　（黑格尔这里讨论的费希特的相关论述，参见〔德〕费希特：《自然法权基
础》，谢地坤、程志民译，商务印书馆2004年版，第6—7页“脚注”。——译者）

术就更是如此,而二者的结合也就为科学在黑暗中摸索其界限提供了最好的例子。

如果说批判哲学对理论科学产生了重大的消极影响——亦即证明在这些理论科学中,科学的成分乃是某种并非客观的东西,而是属于虚无和实在性之间的中间物、存在与非存在的混合,从而使它们承认它们只是经验性意见(Meinen)的科学的话,那么就此而言,批判哲学的积极方面也就更为可怜,同时也不能让这些科学重回哲学的怀抱。相反,批判哲学完全把绝对物置于实践哲学当中。在实践哲学中,批判哲学是肯定的或者独断的(dogmatisches)知识。我们必须将自称为先验唯心论的批判哲学——既在一般的意义上,又在特殊的自然法的意义上——视为下述对立的顶点:就像水中的涟漪由中心向四周扩散,终于在微漾中失去与中心的联系,化为无限一样,这种对立,在以前的科学努力中突破野蛮的束缚,从细微的开端日滋月长,终于在批判哲学中通过无限性的绝对概念达到对其自身的理解,并且还作为无限性而取消了其自身。因此,就科学的本质而言,以前的自然法的探讨方式,以及那些必须视为自然法的不同原则,都必定是毫无意义的。因为它们尽管处于对立、处于否定性之中,但是并未处于绝对否定性或是无限性之中,唯有这种绝对否定性或者无限性才是科学的对象;相反,由于它们只是肯定的东西和否定的东西的杂拌,因此就没有纯粹肯定的东西,也没有纯粹否定的东西。只有出于对科学历史的好奇,才会在它们这里稍作停留,一方面是为了将它们与绝对理念进行比较,并在它们的歪曲中看出绝对形式的诸环节通过一种规定性(即原则)而歪曲地表现其自身的必然性(通过这种必然性,这些[自我表现的]尝试尽管在一种受到限制的原则的支配之下,却仍然在支配着);另一方面,则是为了看到世界的经验状况在科学的观念性镜面当中的反映。

这样,就后一方面而言,则在一切事物的联系中,尽管所有科学的经验存在和状况都表达了世界的状况,但是自然法的状况却是首屈一指的,因为自然法直接关乎伦理这个一切人事的推动者,而且由于伦理的科学具有一种定在(Dasein),因而自然法也就属于必然性[领域],必须与同属必然性领域的伦理的经验形态合一,并且作为科学,它也必须将这种经验形态以普遍性的形式表达出来。

就前一方面而言,则唯有承认此乃科学原则的真正区分:科学是在绝对物之中,还是在绝对统一性之外、对立之中。在后一情形下,如果它的原则不是任何一种不完美的、相对的统一性,或者不是一个关系的概念的话,并且甚至只是居于引力或者统一的力量名下的空洞抽象的关系自身,那么一般说来,它就可能完全不是科学;那些其原则不是关系概念或者只是空洞的统一力量的科学,除了将儿童同世界区分开来的最初的观念性关系,也就是这些科学在其中设定经验性质并能历数其杂多性的表象形式以外,再无其他的观念物。这些科学应当首先称之为经验科学。但是因为实践科学按其本性指向某种实在的普遍物,或是指向一种作为差异者之统一性的统一性,因此在实践经验中,感觉包含的就必定不是纯粹的质,而是关系——这些关系要么是否定性的,如自保的冲动;要么是肯定性的,如爱和恨、社会性,等等。一般说来,更加科学的经验与那种纯粹经验之间的区别并不在于,是关系而不是质构成了前者的对象,而在于前者将这些关系以概念的形式固定下来,并且坚持这种否定的绝对性,不将统一性的这种形式与其内容分开。我们把这些[前面的]科学称作经验的科学;而把那种形式的科学,亦即其中对立是绝对的,并且纯粹的形式(或者无限性、否定的绝对物)纯然与内容分离从而自为地设定起来的科学,称作纯粹形式的科学。

　　由此,我们对两种并非真纯的自然法的科学探讨方式做出了一种特别的区分。据此区分,其一的原则是经验直观与普遍物的关系和混合,然而另一种方式的原则则是绝对对立和绝对的普遍性。这样即可明了:这两种探讨方式的成分是一样的,都是经验直观和概念,当形式主义从它的纯粹否定当中走出来过渡到一种内容时,则它所能达到的也无非就是关系或者相对的同一性,因为纯粹的观念物或者对立绝对地设定起来时,绝对理念和统一即不可能出现,并且在与直观的关系中——因为随着绝对对立或者纯粹观念物的绝对存在的原则,经验的绝对原则也就随之设定起来了——综合就其不仅具有扬弃对立的一部分的单纯否定的意义,而且还应具有一种直观的肯定意义而言,仅仅表象了经验直观。

　　因此,需要进一步描述这两种自然法的科学探讨方式:描述第一种探讨方式的办法是,[看]绝对理念是如何按照绝对形式的诸环节而出现于其中的;描述第二种探讨方式的办法则是,[看]无限物或者否定的绝对物如何徒劳地想要达到一个肯定的有机体。对后一企图的分析将会直接导向对作为哲学科学的诸伦理科学的本质和关系的考察,以及对这些科学与所谓的实定法学的关系的考察。实定法学自以为居于哲学之外,并且由于它自己弃绝了哲学,从而相信自己能够幸免于哲学的批判,同时主张具有一种绝对的存在和真正的实在性。然而这种自负是不可原谅的。

421

一

　　现在,就我们所称的自然法的经验的探讨方式而言,那么一般说来,首先不要关心它所抓到的并且以原理之名使之有效的那些内容上的规定性和关系概念,相反,正是这些规定性的分离和固执,是必须予以否定的。这种分离的本性导致了科学的成分仅仅在于统一性的形式,并且在多种质的一种有机关系(这种关系分布于这些质之中)中,如果这些质不仅仅得到列举,而是要在它们上面获得一种统一性的话,那就必须有任何一种规定性被突出来,并被视为这种关系的本质。然而,正因为如此,有机物的总体没有达到,这种关系的其余的、被那种挑选出来的规定性所排斥的那些方面却屈居于这种被提升为本质和目的的规定性之下。于是,比如说,为了认识婚姻的关系,就时而设定生儿育女,时而设定财产共有,并从这样一个被弄成是法律之本质的规定性出发规定而且还损害了整个有机的关系;或者对于刑罚,忽而罪犯的道德改造,忽而犯罪造成的损害,忽而刑罚在他人那里激起的印象,忽而又是刑罚在犯罪前的罪犯那里产生的意识,还有通过实施威慑而使这种意识成为现实的必然性等等,抓住其中的一个个别的规定性,使之作为整体的目的和本质。结果自然是,由于这样的一个规 422 定性与其余的有待进一步发现和区分开来的规定性并无必然联系,因此为了发现它们之间的必然联系以及其一对于其余规定性的支配,就产生了一种无穷无尽的痛苦;并且由于这种个别性缺乏内在必然性,因此每种规定性都能够很好地证明自己是不依赖于其他的规定性的。这些质乃是从经验的直观或者未进行完善反思的直观将有机物打碎而产生的关系的杂多性中抓来的,并且被设定在概念统一性的形式之中,由此成为被那种知识称之为本质和目的的东西,并且由于它们的概念形式被表达为规定性的绝对存在(这种绝对存在构成概念的内容),也就被设定为原理、法则、义务,等等——我们将会在论述批判哲学的原则时,更多地论及纯粹形式的绝对性(即否定的绝对性,或者纯粹的同一

性、纯粹的概念、无限性)向被接纳为形式的内容和规定性
的绝对性的这种转化。在此处所言的经验性知识当中,这
种转化是无意识地发生的,而批判哲学则对其进行反思,并
将其作为绝对理性和义务来处理。

这种形式的统一性是由思维设定到规定性之中的,正
是它同时还提供了科学所寻求的必然性的假象;因为在与
科学的关系中被视为实在的统一性的对立面的统一,就是
科学的必然性。但是因为这种形式统一性的质料(对此前
面已经言及)并不是对立面之整体,而只是对立面之一,只
是一种规定性,因此这种必然性也就只是一种形式的、分析
的必然性,并且只与一个同一命题或者分析命题的形式发
生联系。在这个同一命题或者分析命题中,规定性得到了
表达,然而,通过这种命题的绝对性,却骗取了一种内容的
绝对性,由此法则和原理也就建构了起来。

但是由于这种经验科学处于这些众多的原理、法则、目
的、义务、权利之中,其中没有一个是绝对的,因此它就必然
会产生一种所有这些毫无关联的规定性的绝对统一性以及
一种原始的、简单的必然性的形象和需要。我们来看看,它
是如何满足这种出自理性的要求的,或者说,在这种经验知
识所无法克服的多与一的对立的支配之下,绝对的理性理
念是如何表现在其诸环节之中的。一方面,本身即饶有趣味

的是,在这种科学的努力及其模糊的中介那里仍能瞥见绝 423
对物的反映和主宰,然而同时亦可瞥见它的歪曲;另一方
面,绝对物的诸环节在其中采取的形式已然变成了一种偏
见和一种毋庸置疑的普遍有效的思想,而批判为了证明科
学对这些偏见和普遍有效的思想的忽视是正当的,就必须
指出它们是无效的。通过指明这些偏见和普遍有效的思想
赖以产生并且获得其性昧的根基并无实在性,也就最有力
地证明了它们的无效。

　　首先,经验科学将科学的总体表现为杂多之物的总体,
或是表现为完善性,而真正的形式主义则将其表现为逻辑
的一致性。前者将其经验随意提升到普遍性之中,并且以
其臆想的规定性去贯彻逻辑的一致性,直到另一个与之相
矛盾的经验材料出现,这种经验材料同样有权被设想,并被
表达为原则,从而不再容许先前的规定性的逻辑一致性,而
是迫使它被抛弃掉。形式主义则将其逻辑一致性扩展到一
般说来其原则的空洞性或者其偷运进来的内容所能容许的
程度;同时,形式主义也有权骄傲地将缺乏完善性的事物贬
为经验之物,排除在其先天性和科学以外。因为形式主义
将其形式的原则宣布为先天的和绝对的东西,因而也就将
它无法通过这些原则驾驭的那种东西宣布为非绝对物和偶
然物——除非它通过在一般的经验领域,并在从一个规定

性到另一规定性的过程中，发现从有条件者向条件的进展的形式的过渡，并且因为这个条件本身又是一个有条件者，如此类推，以至无穷，由此来摆脱困境。但是，这样一来，形式主义就不仅放弃了它相对于它称之为经验主义的一切优势，而且由于在将有条件者与条件联系起来时将这种对立设定为绝对持存的，从而其自身就完全陷入经验的必然性之中，并且通过将对立面捏合起来的形式的同一性或者否定物-绝对物（Negativ-Absolut），赋予这种经验的必然性一种真正绝对性的假象。

然而，逻辑一致性与形象的完善性的这种结合——它要么是后者的更加完善的形式的、空洞的一致性，要么是第一种从一个作为原理的特定概念出发过渡到另一个概念或者原理的、只有在这种逻辑的不一致中方才一致的一致性——直接改变了作为纯粹经验之对象的杂多之物的地位。对于纯粹经验来说，每一经验都与其他经验一样享有同等的权利，每一个规定性都与其他规定性一样实在，没有一个规定性优先于其他规定性；下面我们在比较纯粹经验与这里所谈的科学经验时，再回头进行讨论。

在这种形式的总体之后，我们来考察绝对的统一性如何既表现为简单统一性（我们可以称之为原始的统一性），也表现为反映在经验知识中的总体。这两个统一性，在绝对物中实为一物,二者的同一即为绝对物,它们必然在经验知识中分裂,表现为不同的东西。

首先,就前一个统一性①而言,则经验并不关心这种作为必然性之本质——对于现象来说,这种本质只是它的一个外在纽带——的统一性,因为这个统一性乃是本质的统一性,在这个统一性当中,杂多之物直接被消灭,化为乌有。由于杂多的存在是经验的原则,因此,经验就被拒绝进入到其诸质的绝对虚无之中。对经验来说,它的诸质是绝对的,并且通过概念——据此概念,这些质乃是彻底的多——而成为无限的多。因此,那种原始的统一性就最多只能是一种简单的、少量的质,它相信能够用这些少量的质达到对于其余诸质的认识。对于经验来说,无论在物理中,还是在伦理中,那种去掉了大体上可以认为是任意和偶然之物,并且将必要的最少数量的杂多之物设定起来的理想,就是混沌(Chaos)。在伦理中,混沌忽而在存在的样态下被想象力表现为自然状态,忽而在可能性和抽象的形式下被表现为由经验心理学列举出来的一些在人身上发现的能力,［作为］

---

① "jene Einheit",T. M. Knox 译为"absolute unity"（G. W. F. Hegel,*Natural Law*,Philadelphia,1975,p. 63）,H. B. Nisbet 译为"the former［absolute］unity"（黑格尔:《黑格尔政治著作选》,中国政法大学出版社 2003 年影印本,第 110 页）,即上段所言之"绝对统一性"。——译者

人的自然和规定。通过这种方式，一方面被宣称为完全必然、自在、绝对之物的东西，同时另一方面又被承认为某种并非实在之物、单纯想象之物和思想物。在前一情形下，它被认为是一个虚构，在后一情形下，则被认为是一种单纯的可能性——此乃最难克服的矛盾。

对于坚持模糊混淆自在之物与转瞬即逝之物的健全理智来说，它所能理解的不过就是：当它从法权状态（Rechtszustand）的混合形象中排除了一切任意和偶然之物时，即通过这种抽象而保留了绝对必要之物，从而以这种方式发现了自在之物。当人们从思想中去掉隐隐约约被怀疑为属于特殊和转瞬即逝的东西，认为它们属于特殊的伦常、历史、文化甚至国家的时候，那就处于赤裸裸的自然状态的形象之下，或者只剩下抽象的人跟他的基本能力了。我们只需再看一下，看看什么是必要的。由于必要的东西的混沌形象不可能包含绝对的统一性，而只能包含简单的多样性、众多属性最少的原子，因此，那些被认为是与国家有关的东西也就必然要从其中剥离掉。由此，这些原子的联结和组合的概念，作为这些众多性［原子］的原则所能具有的最弱的统一性，也就作为最早添加到这些众多性之中的东西而被排除掉了。首先，一般说来，经验主义在进行这种区分时，对于偶然之物和必要之物的界限何在，以及什么应该保留在自然状态的混沌之中或者人的抽象之中,什么应该从中拿掉,是没有任何标准的。这里,决定性的规定无非是,其中所具有的东西,不折不扣就是人们为了说明现实中碰到的东西所需要的那些东西;后天的东西就是那种先天的东西的指导性原则。因此,如果某物要在法权状态的观念中变得有效,就要证明其与原始的和必要的东西之间的联系,因而也就要证明其自身是必要的,这样就要将一种独特的质或者能力置于混沌之中,并且按照一般的从经验出发的科学的方式,为了对现实进行所谓的解释而提出假说。在这些假说中,这种现实只是在同样的规定性之中被设定为作为力、物质、能力的完全形式的-观念性的形态,因此,一个就很容易从另一个得到理解和解释。

一方面,这种对于在自然状态的混沌中和在能力与倾向的抽象中表达出来的原始的和绝对的统一性的模糊预感并不能达到绝对的否定的统一性,而只是要将一大堆的特殊性和对立消解掉。而在自然状态的混沌中,也同样还有不可规定的大量的质的规定性,它们自身仅有一种经验的必然性,彼此间并无内在的必然性。它们只是作为多而发生联系,而且因为这种多是彼此相对的存在,没有统一性,从而也就规定为相互对立,彼此陷入绝对的冲突之中。在自然状态或者人的抽象中,伦理的这些分裂开来的力量

（Energien）就必然被设想为处于一场互相毁灭的战争之中。然而，正因为如此，也就很容易指出，由于这些质彼此完全对立，因此就是纯粹观念性的，在这种观念性和分裂当中，它们并不能如人们所认为的那样维持存在，而是互相消灭，化为乌有。然而经验并不能达到这种绝对反思，也不能洞见到这些规定性会消灭于绝对单纯的事物之中，相反，在它

426 看来，众多的无仍然保留为一大堆的实在性。然而，对于经验主义来说，那种肯定的、自身表达为绝对总体的统一性必须要作为一个他者和异己之物添加到这些众多性之中，而在绝对同一性的两个方面的这种形式的结合中，即已包含了：这个总体正如原始统一性的总体一样，自身表现得模糊、不纯粹。经验很容易说明这两个这里分离开来的统一性当中的一个为了另一个而存在的理由，或者说从第一个统一性向第二个统一性过渡的理由，正如一般而言，经验总是很容易提供理由的。在自然状态的虚构之后，自然状态即因其自身具有的恶而遭到抛弃；也就是说，事先已经预设了人们想要达到的目的：作为混沌而发生冲突之物的和谐乃是善，或者人们必须达到的目的。或者说，一种诸如社会性冲动这样的过渡理由已经直接设置在作为可能性的原始诸质的观念之中了，或者一种能力的概念形式被抛弃了，并且立即进到前述第二个统一性之现象的完全特殊物，进到

强者对弱者的征服之类的历史性事物。然而，就像在经验物理学当中一样，取代众多原子的质的这种统一性自身按照绝对的质的众多性原则，不过就是作为原始地设定起来的简单的、分离开来的多的多种纠葛，也就是这些自为地在其特殊性中不可毁灭的、只能进入简单的、部分的联系和混合的诸质之间的表面接触，因而也就表现了众多的分裂（Geteiltem）或者关系，并且就这种统一性被设定为整体而言，就是以社会和国家的名义设立了一个没有形式的、外在的和谐的空名。即使这种统一性不管是自为地，还是在一种更加经验性的联系中按照其产生而被表象为绝对的、直接起源于神明的，并且即使其存在的中心和内在本质被表象为神圣的，这种表象也仍然只是某种漂浮于众多性之上，而非渗透于其中的形式的东西。神可能不仅被承认是这种统一的缔造者，也被承认为它的保存者，并在与后者的关系中，最高权力的尊严被承认为是神的反光，自身即是神圣的。这样，对于被统一起来的诸多来说，统一而成的神物就只是一个外在的东西，它与这些统一起来的诸多的关系，必然只能设定为一种统治的关系，因为这种经验的原则排除了一与多的绝对统一性。在这种关系的这一点上，经验直接与与之对立的、抽象统一性占据首要地位的原则汇合在一起，只是它并不因为从这些被设定为如此殊异的事物（如抽象的统一性和绝对的众多性）的混合中产生出来的逻辑不一致而感到为难；相反，它正因为如此而拥有了这样的优点，即它并不将那些除了它们的纯粹物质性方面以外的、仅仅根据对立的原则（在这种原则下，唯有统治和服从才是可能的）才能发生的更加纯粹、更加神圣的内在之物的现象的观点拒之门外。

自然状态、同各个个人相疏离的因而自身即是个别的和特殊的［作为］法权状态之整体的尊严（Majestät）和神圣性，连同臣民（Subjekte）绝对服从此种最高权力的关系，便构成了有机的伦理的碎裂开来的各个环节在其中固化为特殊的存在（Wesenheiten）——并且正因为如此而同理念一道被歪曲了——的各种形式：绝对统一性的环节、就其包含了一和多的对立于自身因而就是绝对总体性而言的那种统一性的环节，以及无限性的环节（或者消灭了对立的实在性的环节）。反之，伦理的绝对理念则包含了作为彻底同一的自然状态和尊严，因为后者本身不过就是绝对的伦理自然，不要因为尊严实际存在，就认为人们通过自然自由去理解的绝对自由一去不复返了，或者伦理自然被抛弃了。然而，那种在伦理关系中必须认为是要予以抛弃的自然物，本身就不是伦理，因而在其本来的形式中也就完全不能表现伦理。同样，无限性，或者个别事物、主体的消灭，无论是在绝对理念中,还是在作为服从关系(在这种服从关系中,个别性乃是某种绝对设定起来之物)的与尊严的相对同一性中,都不是顽固不化的;相反,在理念中,无限性是真实的,个别性自身纯属虚无,它与绝对的伦理尊严纯为一物——唯有这种真正的、生动的、并非服从的同一(Einssein)才是个人的真正伦理。

我们已经对科学经验——就其为科学的而言——的原理、法则等的确然的无效与虚假提出了指控,因为它通过将形式的统一性设置到诸规定性之中,从而赋予这些规定性以概念的否定的绝对性,并且宣称它们是肯定地、绝对地、自在地存在着的,是目的和规定、原理、法则、义务和权利——这些形式指的都是某种绝对之物。然而,为了获得一种用大量诸如此类的概念来表现这种质的规定的有机关系的统一性,那就必须赋予其中的一个表达为目的、规定或者法则的规定性一种统治其余众多规定性的地位,在这种规定性面前,其余的规定性都被设定为非实在的和无效的。在[推理的]这种运用和逻辑一致性中,作为内在总体的直观就被消灭了。因此,正是通过逻辑上的不一致,那种将规定性接纳到概念当中的做法才能得到校正,加诸直观的暴力方才得以消除,因为逻辑的不一致直接取消了之前赋予一种规定性的绝对性。从这种观点出发,旧的、完全不一致

428

的经验主义就必然不是在与绝对科学本身的关系中,而是在与迄今为止所谈的经验的科学性的逻辑一致性的关系中得到了辩护。通过这种方式,一种伟大、纯粹的直观就能够在其展现的纯粹建筑(在这个建筑中,必然性的联系和形式的统治并不是显而易见的)中表达真正的伦理:就像一座将其建筑者的精神无声无息地呈现于分散的材料之中的建筑,建筑师自己的总体形象没有作为形态在其中展示出来。在一种这样的凭借概念的帮助所作的展示中,只有一种理性的笨拙,即理性没有将它把握和贯通的东西提升到观念性的形式,并意识到它就是理念。如果直观自己仅仅忠实于自身,不为知性所惑,那么就其不能缺少将它表达出来的概念而言,直观在它与这些概念的关系中表现得非常笨拙,在贯通意识的过程中采取了错误的形式,在概念方面既不一贯,又相矛盾;但是它的各部分以及各个自我修正的规定性的排列组合却暗示了那种尽管看不见,然而却是内在的合理的精神,并且就精神的这种现象应当视为产物和结果而言,则它作为产物完全符合于理念。

于是,对知性来说,最容易的事情莫过于:攻击这种经验[主义],提出与那些笨拙的理由完全对立的其他理由,指出其概念的混淆和矛盾,从它的个别命题推出最严重、最不合理的结论,以多种方式阐明经验[主义]之非科学性。经验[主义]获此待遇是正当的,特别是当它妄称自己是科学,或是非议科学本身的时候。相反,如果诸规定性被固定下来,它们的法则一以贯之地贯彻到经验所发现的各个方面,同时直观也屈居这些规定性之下,并且一般说来通常所言的理论也建立了起来,那么经验就有权指控这种理论的片面性;经验有权力通过完善它使之具有有效性的那些规定性,用实例迫使这种理论走向一种完全空洞的普遍性。概念的那种局限性,诸规定性的固化,将从现象中捡来的一个方面提高到普遍性以及其所获得的对于其他方面的主宰,这些做法在最近不仅自诩为"理论",而且自诩为"哲学"了;当这种哲学上升为更加空洞的抽象,抓住更加纯粹的否定物——诸如自由、纯粹意志、人性等——不放时,就自诩为"形而上学"了。它相信,当它用自由、平等、纯粹国家等这些无本质的抽象物与这些肯定地表达出来的否定物,或是用从日常经验中捡来的与前述规定性一样无本质的规定性(如强制,特别是心理学的强制以及由之产生的实践理性与感性动机之间的对立,与这种心理学中包含的其他任何东西),将这些科学到处搜来搜去时,就不仅在自然法中,而且尤其是在国家法和刑法中,引发了哲学革命,并且还用程度不一的逻辑一致性强迫科学将这些空疏的概念作为绝对的理性目的、理性原理和法则。经验主义有权要求这种哲学

429

探讨应当着眼于经验。它有权坚持它对诸原理的这样一种架构和矫情的执着反对。它将它的经验的不一致——这种不一致基于一种对于整体的尽管模糊的直观——放到这种哲学探讨的逻辑一致性前面，将它自己对于譬如说伦理、道德、合法性的混淆（或者在更加具体的情形中，在刑罚中将复仇、国家安全、[罪犯的]改造、恫吓的实施、威慑、预防等等的混淆，不管是在科学的考量中，还是在实践生活中），放到同一个直观的这些不同方面的绝对分化之前，放到这个直观的整体受到诸质之一的规定之前——它就有权宣称，理论以及那种自诩为哲学或形而上学之物不能应用，而且与实践的必然性相矛盾。我们可以这样更好地表达这种不可应用性，即在那种理论和哲学中没有绝对物，没有实在性和真理。最后，经验有权指责这种哲学探讨对它忘恩负义，因为正是经验为它提供了概念的内容，而且必定看到这种内容被这种哲学探讨给糟蹋了、歪曲了。因为经验在与其他规定性的牵扯与关联中展示内容的规定性，从而这种规定性本质上就是一个有机的、鲜活的整体，然而通过那种肢解，通过那种无本质的抽象物和个别性到绝对性的提升，这个鲜活的整体就被戕害了。

430　　如果经验自身纯粹并且保持纯粹的话，那么它就有最大的权利宣告自己反对这种理论和哲学，并且认为这些原理、目的、法则、义务、权利等等并不是某种绝对之物，而是一些对教化来说是重要的区分。通过这种区分，对经验来说，它自己的直观就变得更加清楚了。但是当经验似乎与理论发生争执时，那么通常就会看到，两者都是已经被反思玷污和抛弃了的直观和遭到歪曲的理性，并且那种自己冒充为经验者，在抽象中只是弱势方，并因自身缺少能动性，不能选择、区分和固定它自己的有限的概念（Beschränkungen），而是受制于那些在普遍教化中变得僵化的、表现为健全人类理智因而显得直接出自经验的东西。在直观的这种僵化了的歪曲与现在才固定下来的那些抽象物之间，冲突的景象必然像冲突双方自身一样乌七八糟。每一方都时而用一种抽象物，时而又用一种所谓的经验来反对另一方，而在冲突双方，都是经验自己粉碎经验，［概念的］限制性自己粉碎［概念的］限制性。时而以原理和法则吹嘘，以反对哲学，排斥哲学，说哲学是一个无能的法官，无法对知性沉迷于其中的那些绝对真理进行判断；时而又为了推理（Räsonnement）而滥用哲学，并引证哲学。

　　如果直观在经验中占据统治地位，即应承认经验拥有反对混淆经验物与反思物的相对权利。要知道，这种权利与它的无意识的内在之物有关。但是居于这种内在物与其外在表现之间的中项——即意识——乃是其缺陷（因而也就是其片面性）之所在，它趋向科学的倾向、它与概念之间的不完善的联系和简单接触（通过概念，经验自己只是以这种方式被玷污了）来源于这种必然性，即众多性和有限性应当绝对沉入无限性或者普遍性之中。

二

然而,正是无限性方面构成了与经验物相对立的先天性原则,我们现在就来对它进行考察。

在绝对概念或无限性中,经验意见(Meinen)与其对多样物与单纯物的混合一道走向了概念,这样,它也就不再摇摆于多样物与单纯物之间,两者之间的不完全分离遂告终[431]结。在比较低级的抽象中,一般说来在幸福论中,特别是在自然法中,尽管无限性作为主体的绝对性受到那些称作反社会主义的 ①、将个人的存在摆在首位和最高位置的体系的

① 德文原文为"antisozialistisch"。从上下文看,黑格尔这里的意思当是指西方近代自然法与幸福论仅仅突出个体,而忽视其社会性的观点,与晚出的"社会主义"无关。——译者

强调,但是并没有达到它在康德和费希特的观念论中所获得的那种纯粹抽象。

　　这里不是阐述无限性的本性及其各种变化之处。因为正如它是运动和变化的原则,所以它的本质不过就是成为它自己的直接对立面而已,或者说,它是否定的绝对物、形式的抽象。就其为纯粹同一性而言,这种形式的抽象直接就是纯粹的非同一性或者绝对的对立;就其为纯粹观念性而言,同样直接就是纯粹实在性;就其为无限物而言,则为绝对有限物;就其为无规定者而言,则为绝对的规定性。向对立面的绝对过渡——这就是它的本质——以及每一实在性之消失于其对立面之中,这是无可阻挡的,除非以经验的方式将它们的一个方面(即实在性,或者对立面的存在)固定下来,并且摆脱其对立面,即对这种存在的否定。这种实在的对立面一方面是多样的存在或者有限性,另一方面是作为众多性之否定——以及肯定地,作为纯粹统一性——的无限性;在这种统一性中,以这种方式建构起来的绝对概念提供了那种叫作纯粹理性的东西。然而,这种纯粹统一性同与之对立的杂多存在者之间的关系本身同样也是一种双重联系,即要么是两者之存在的肯定联系,要么是两者的消灭。然而,无论是前面的存在,还是后面的消灭,都只能理解为部分的存在或消灭;因为如果两者的那种存在是绝对的,那就完全不存在两者的联系,而如果两者完全消灭了,那也就没有了两者的存在。两者的这种部分存在和部分否定——"一个可分的自我与自我当中的一个可分的非我之间的对立",换言之,在同样因此而是部分的联系之中——就是这种哲学的绝对原则。在前一种肯定联系中,纯粹统一性是理论理性,在否定的联系中,则是实践理性。并且因为在后者中,对立的否定是第一位的,因此统一性就有更多的存在,但在前者那里,对立的存在是第一位的,因此众多性就是在先的和更多的存在,因此这里实践理性也就表现为实在的,而理论理性却表现为观念的。但是我们看到,这种规定完全属于对立和现象。因为当对立面、多,作为非理性的事物,也绝对具有存在时,那么设定为理性的纯粹统一性就是否定性的、观念性的;正如当多被设定为被 432 否定了的,或是甚至有待否定之物时,则纯粹统一性就表现为拥有更多存在的、更为实在的。但是,正如自然被设定为与作为纯粹统一性的理性相对立一样,那种非理性的多也仅仅因为自然被设定为多的无本质的抽象,以及相反地理性被设定为一的无本质的抽象,而是非理性的。然而就其本身来看,则不仅那种多是一和多的绝对统一性,而且这种统一性[也是一和多的绝对统一性]。并且自然或者理论理性——它是多——作为一和多的绝对统一性,必须倒过来被规定为实在性的理性,而作为统一性的伦理的理性,作为一和多的绝对统一性,则必须要被规定为观念性的理性,因为在对立中,实在性居于众多性之中,观念性则居于统一性之中。

因此,我们只能在叫作实践理性者那里认识［作为］观念物和实在物的同一性的形式理念,并且在这些体系中,这个理念应当是绝对的无差异点。但是该理念没有从差异走出来,而且观念物也没有达到实在性;因为尽管在这种实践理性中观念物和实在物是同一的,然而实在物却确实一直都是［与观念物］绝对对立的。这种实在物本质上被设定于理性之外,而实践理性则仅仅居于不同于这种实在物的差异之中;其本质被理解为一种与多之间的因果关系——一种绝对受到差异影响的同一性,这种同一性没有从现象中走出来。因此,这种高谈阔论要实现观念物和实在物的绝对同一性的伦理科学言行不一,其伦理的理性实际上和本质上乃是观念物和实在物的非同一性。

伦理理性已经被规定为统一性形式中的绝对物,因此,就其自身被设定为一个规定性而言,它似乎直接在此规定中同样本质地与一个对立一道设定了起来。然而区别在于,真正的实在性及其绝对物完全摆脱了这种与自然的对立,并且它就是观念物与实在物的绝对同一性。绝对物按

其理念被认识为差异者的这种同一性,[亦即,]其 ① 规定性
乃是,其一为统一性,其二为众多性。这种规定性是观念性
的,也就是说,它仅仅根据前面指出的无限性概念才是处于
无限性之中的;这种规定性当其被设定起来时,也就同样被
取消了。两者中的每一个,不论是统一性,还是众多性——
两者的同一性即为绝对物——自身就是一和多的统一性。
然而其一(其观念性的规定是众多性)为对立面的存在、肯
定的实在性,因此对它来说就必然存在一种对立的、双重的
关系。因为实在物存在于其中,因此它的同一性就是一种 433
相对的同一性,并且对立物之间的这种相对同一性就是必
然性。因此正如它处于差异中一样,它的关系自身或者关
系的同一性就是一个差异物;在关系之中,统一性既是第一
位的,众多性也是第一位的;这种两方面的关系规定了必然
性或者绝对物之现象的双重方面。由于这种两方面的关系
落在众多性上,并且当我们将立于另一面的,而且那种实在
性或者多又在其中被扬弃了的差异者的统一性称作无差异
时,那么绝对就是无差异和关系的统一性;由于关系包含了
双重的关系,因此绝对物的现象就被规定为无差异和那种
关系(或者那种多在其中是第一位的、肯定的东西的相对同

---

① 指前面所言的"差异者的这种同一性"。——译者

一性)的统一性,以及无差异和那种统一性在其中是第一位的、肯定的东西的关系的统一性。前者是物理的自然,后者是伦理的自然。并且因为无差异或统一性是自由,而关系或者相对同一性则是必然性,所以这两种现象中的每一个都是自由和必然性的同一和无差异。实体是绝对的和无限的,在"无限"这个谓词中包含了神圣自然的必然性或者它的现象,并且这种必然性正好将自己表达为一种双重关系中的实在性。这两种属性中的每一个自身都表达了实体,都是绝对的和无限的,或者说,都是无差异和关系的统一。在关系上面,它们的区别在于,在其中之一的关系中,多是第一位的,或者超乎一之上;在另一关系中,一是第一位的,或是超乎多之上。但是因为在伦理自然本身中,在其关系中,统一性是第一位的,因此它在这种相对同一性中——亦即在其必然性中——就是自由的。或者因为这种相对同一性并未由于统一性是第一位的而得到扬弃,因此这个第二种自由就是这样规定的,即对于伦理自然来说,必然的事物尽管存在,然而却是否定地设定起来的。要是我们现在将伦理自然的相对同一性的这个方面分离开来,不承认无差异和这种相对同一性的绝对统一性为伦理自然的本质,而是将关系或者必然性的方面认作伦理自然的本质,那么我们就同实践理性站在了同一立场,在这种立场上,实践理性的本质被规定为具有绝对的因果性,或者说,尽管实践理性是自由的,必然性仅仅是否定的,然而正因为如此,必然性也就确实设定了起来——由此那种自由没有走出差异,关系或者相对同一性被弄成了本质,绝对物就只是被理解为否定的绝对物或者无限物。

这种仅从其相对同一性方面出发把握伦理自然的观点 434 如此乐于推荐的经验的和流行的表达,不过是说,处于感性、爱好、低级欲求能力等等(关系的众多性环节)名义之下的实在物不应与理性(关系的纯粹统一性环节)相一致(统一性和众多性的对立的环节),并且理性在于从自己的绝对自动性和自律出发进行意求,并限制和统治那种感性(这种关系的规定性环节,即在这种关系中,统一性或者众多性的否定是第一位的)。这种观点的实在性基于经验意识和每一个人的普遍经验:即要在自身既要发现那种分裂,也要发现实践理性的这种纯粹统一性,或者自我的抽象。我们并不是要否定这种立场,相反,这种立场已经被规定为相对同一性的方面、有限物之中的无限物的存在的方面。但是我们必须申明,这种立场并非绝对立场,在这种立场中,关系证明其自身只是一个方面,因此关系的孤立证明是一个片面之物,还有,因为伦理乃是某种绝对物,因此这种立场就不是伦理的立场,相反,在它之中并无伦理。并且就其诉诸普通意识而言,那么,由于[在这种立场下,]关系自为地孤立起来,被设定为自在地存在着的,而不是被设定为环节,因此这种立场就是非伦理的原则,并且必然与伦理自身一样出现在这种普通意识中。由于绝对物的诸环节在经验意识中表现为凌乱的、彼此并列、前后相继和碎裂的,因此经验意识就是经验性的;如果伦理没有出现在它之中的话,那它自身也就不是普通意识了。在出现于经验意识之中的伦理事物和非伦理事物的这些杂多现象下面,那种形式的哲学做出了选择;它选择了非伦理现象,并且认为否定的绝对性或者无限性即为真正的绝对物,这并不是普通意识的过错,而是哲学的过错。

对这种实践哲学的阐述基于对这种否定的绝对性之所能的阐述,我们必须在其主要环节中追索那种想要在否定的绝对物中发现真正绝对物的虚假企图。

我们立即可以得出,由于纯粹理性构成实践理性的本质,因此对于一个伦理体系,我们不能说,许多法则绝不可能。因为当某物超出纯粹概念之外,或者——因为当纯粹概念被设定为多的否定,亦即作为实践性的[概念]设定起来,它就是义务——超出义务的纯粹概念和法则的抽象之外时,就不再属于这种纯粹的理性;正如康德——他在其绝对纯粹性中展示了概念的这种抽象——很好地认识到,实践理性应当去除法则的所有材料,它不过应该将任意之准则的合适形式(*Form der Tauglichkeit*)奉为最高法则而已。任意的准则具有一种内容,自身包含了一种规定性;反之,纯粹意志则摆脱了所有规定性;实践理性的绝对法则是,将那种内容提升为纯粹统一性的形式,法则就是对这种接纳到形式之中的规定性的表达。规定性可能被接纳到纯粹概念的形式之中,然而其自身并没有通过这种形式而得到扬弃,它[只是]由此得到了辩护,并通过这种否定的绝对性自身而成为绝对的了,变成了法则、权利或者义务。然而准则的内容一仍其旧,仍然是一种规定性或者个别性;而将其接受到形式之中的普遍性,因此也就完全是一种分析的统一性。当这种授予给它的统一性纯粹作为其自身在一个命题中表达出来时,那么这个命题就是一个分析命题,一个同义反复。实际上,纯粹实践理性的立法的自律的崇高能力就在于这种同义反复的产物之中。在理论中表达为矛盾律的知性的纯粹同一性,转变为实践形式,亦复如是。当人们问逻辑学:"什么是真理?",并要求逻辑学做出回答时,康德给出了"这种可笑的景象,即一个人在挤公山羊的奶,另一个人拿筛子去接"①;因此当人们询问纯粹实践理性:"什么是

---

① 〔德〕康德:《纯粹理性批判》,邓晓芒译,杨祖陶校,人民出版社2004年版,第56页。——译者

权利和义务?",并且要求它做出回答时,情形也完全一样。
康德承认,真理的普遍标准应该是那种不分对象、对所有
知识均须有效的东西,然而显然,由于这个标准抽离了知
识的一切内容,而真理又正好关涉到这种内容,因此,由于
知识的这种内容的真理的标志同时应该与知识的内容无
关,这样,追问这种标志就不仅完全不可能,而且也是荒唐
透顶的。康德同样这样谈到通过实践理性提出来的关于
义务和权利的原则的判断。实践理性完全抽除了意志的
一切质料;因为通过一种内容,任意的他律就会设定起来。
但是现在的关切恰好就是要知道,权利和义务是什么。我
们问的是德性法则的内容,唯一涉及到的就是这种内容。

436 但是纯粹意志和纯粹实践理性的本质却是,应当抽除一切
内容;因此,在这种绝对实践理性上面去寻找这样一种包
含内容的德性立法本身就是矛盾的,因其本质就在于没有
内容。

　　因此,如果这种形式主义要能说出一条法则,它就必须
设定任一质料、一种规定性,以构成法则的内容。而添加到
这种规定性上面的形式,就是统一性或者普遍性。你的意
志的一条准则必须同时被看作是一个普遍立法的原则——
纯粹实践理性的这条基本法则所言乃是,构成特殊意志的

准则的内容的任一规定性都可以被设定为概念、普遍物。
然而每一规定性都能够接纳到概念形式之中,并被设定为
一种质;什么都可以通过这种方式成为德性法则。而每一
规定性自身都是一个特殊物,而非普遍物;对立的规定性与
之相对立,只有存在这样一种与之对立的规定性,它也才是
规定性。两个规定性当中的每一个都能同样地进行设想;
两者当中,哪一个应该接纳或是设想到统一性当中,哪一个
应当抽除掉,是完全不确定、完全自由的。如果其中一个固
定下来,作为自在自为的存在物,则另一个就不能设定起
来;然而另一个也可以同样如是设想,并且因为思维的形式
乃是本质,因此它也就能够被表达为一条绝对的德性法则。
"最普通的知性没有指导"也能实施那种轻而易举的操作,
并且"能够分辨,准则中的何种形式适合于普遍立法,何种
形式不适合于普遍立法"。对此,康德通过"那条用一切可
靠的手段增大我的财产的准则"——如果在一件寄存物上
出现了一种这样的手段的话——"是否也可以被看作一条
普遍的实践法则"(该法则的内容是,"每个人都可以否认一
件无人能证明是存放在他这里的寄存物")这个问题为例予
以说明;[在康德看来,]这个问题能够提供它自己的答案,
因为这样一条原则作为法则将会自我毁灭,因为它使得任

何寄存物都不会有了。①然而完全没有寄存物,又有什么矛盾呢？如果没有寄存物,会与其他的必然规定性相矛盾;比如,一件寄存物是可能的,将与其他的必然规定性发生联系,由此自身成为必然的。然而,并不是要援引其他的目的和实质性理由,而是概念的直接形式应当决定第一个或是第二个假设的正确性。但是,对于形式来说,这两个对立的规定性都是无关紧要的;每一个都可以理解为质,并将这种理解表达为法则。如果一般来说财产权的规定性设定起来,那么同义反复的命题即由此形成:财产权就是财产权,此外无它。这种同义反复的产物就是这个实践理性的立法:如果财产权存在,那么财产权就必定是财产权。但是要是对立的规定性——财产权的否定——设定起来,那么通过同一个实践理性的立法也就产生了这种同义反复:无财产权(Nichteigentum)就是无财产权;如果没有财产权,那就必然会废除想要成为财产权的东西。关键恰好在于证明:财产权必须存在;我们仅仅关心那种居于纯粹理性的这种实践立法的能力之外的东西,即要决定,对立的规定性当中,哪一个应当设定起来。但是纯粹理性的要求是,这应当

437

---

① 〔德〕康德:《实践理性批判》,§4,"注释"。中译文参见康德:《实践理性批判》,邓晓芒译,人民出版社 2004 年版,第 34 页。译文据黑格尔原文稍有改动。——译者

事先发生,对立的规定性之一应当首先设定起来,然后它才能完成其多余的立法。

但是实践理性的分析的统一性和同义反复不仅是某种多余的东西,而且在其拥有的运用中也是某种虚假的东西;它必定要被认作是非伦理的原则。一个规定性通过单纯地接纳到统一性形式当中,其存在的性质即应发生改变。一个规定性,据其本性有另一个对立的规定性,其中一个否定另一个,并且正因为如此,没有一个是绝对物(对于实践理性的功能来说,应当设定两个当中的哪一个,是无关紧要的,因为它只提供空洞的形式),这个规定性应当通过与纯粹统一性的形式自身的这种结合,成为绝对规定性,成为法则和义务。但是,在一个规定性和个别性提高为一种自在之物的地方,悖理以及与伦理相连的非伦理也就设定了起来。我们很容易认识到有条件者、非实在物向无条件者和绝对物的这种转化的非法性,并且也很容易发现其终南捷径。当规定性被接纳到纯粹统一性或者形式的同一性的形式之中,并且这个特定的概念被表达为一个命题时,结果便是形式命题的同义反复:"规定性 A 就是规定性 A"。然而形式(或者说,在命题"主词和谓词的同一性是某种绝对物"中)只是一个否定物,或者形式物,它与规定性 A 本身没有关系;对形式来说,这个规定性是某个完全假设起来的东

西。但是,在这个命题当中依据命题的形式而来的绝对性
438 却在实践理性中获得了一种完全不同的意义,因为它被转
嫁到了按其本性来说只是一个有条件者的内容上面。通过
这种混淆,这个非绝对物、有条件者便违反其本质,而被提
升为绝对物了。实践的关切并不是要产生一个同义反复,
并且因为这种空洞的形式的缘故(这种形式确实是其唯一
的力量),实践理性无须如此忙活。然而,通过绝对形式与
有条件的质料的混淆,形式的绝对性也就不知不觉地偷运
到内容的非实在物、有条件者之中了,在这种颠倒和把戏中
包含了这种纯粹理性的实践立法的秘诀。加到"财产权是
财产权"这个命题之上的,不是它的真正含义,即"这个命题
在其形式中表达出来的同一性是绝对的",而是下述意义,
即"命题的质料,也就是财产权,是绝对的",这样,每一个规
定性均可马上成为义务。任意可以在对立的规定性之间进
行选择,唯一的不便在于,无法为任何一种行为找到一种这
样的根据,即它不仅像在耶稣会士那里一样只具有一种可
能的根据的形式,而且还获得了权利和义务的形式。这种
道德形式主义并没有超出耶稣会士的道德术或是此类货色
的幸福论原则之上。

这里要好好注意,规定性之接纳到概念当中要理解为,
这种接纳是某种形式的东西,或者规定性应当保持不变,因

此质料和形式互相矛盾,前者是有规定的,后者是无限的。但是如果真的要将内容与形式、规定性与统一性设为等同的话,那就不会有实践的立法,只有规定性的消除了。因此财产权本身直接与普遍性对立;如果财产权与普遍性等同起来,则它就被扬弃了(aufgehoben)——规定性通过接纳到无限性、普遍性[而导致]的这种消除为实践立法带来了直接的麻烦。因为当规定性是这样的,即它自己表达了一个规定性的扬弃的时候,那么通过进入普遍物或者进入被扬弃的存在之中的这种扬弃的提高,有待扬弃的规定性和扬弃两者都被消灭了;因此与一个这样的规定性——即当它被设想为普遍性时,就消灭了自己的规定性——相连的准则,就不能成为一个普遍立法的原则,因此也就是不道德的。换言之,构成了一个规定性的扬弃的准则的内容,在被提升为概念时,就会自相矛盾。如果规定性被设想为被扬弃了,那么这种规定性的扬弃也就取消了;或者,这种规定性应当保留,那么那种在准则中设定起来的扬弃也就并没有设定起来;因此,规定性要么保留,要么消除,在两种情形下,它的扬弃都是不可能的。但是一个按照原则(因为它自相矛盾)乃是非道德的准则,因其表达了规定性的扬弃,是绝对理性的,因而也是绝对道德的;因为从其否定的方面来说,理性的东西乃是规定性的无差异,有条件者的被扬弃了的存在。因此"帮助穷人"的规定性也就表达了规定性(即贫穷)的扬弃。规定性构成其内容的那种准则,通过其规定性被提升为普遍的立法原则而得到了检验,证明自己是虚假的,因为它取消了它自己。我们设想,穷人应当得到普遍的帮助,那么要么完全没有了穷人,要么全都是穷人,因为没有了能够提供帮助的人,于是在两种情形下,帮助就取消了。因此,准则,当被视为普遍的准则时,便自我取消了。然而,构成扬弃之条件的规定性,即贫穷,应该保留下来,由此才会保留帮助的可能性,但是如准则所言,是保留为可能性,而非现实性。如果贫穷应该保留,由此帮助穷人的义务也就能够施行,这样,通过让贫困持续存在,义务也就直接没有履行。因而,光荣御敌、保卫祖国的准则,以及无限多的[其他]准则,在设想为普遍的立法原则时,也就取消了其自己,因为比如说那条准则扩展开来时,就会取消祖国、敌人以及保卫的规定性。

[实践理性的]统一性既没有单纯扬弃诸规定性的纯粹否定的含义,也不是直观的真正统一性(或者诸规定性的肯定的无差异);与后一统一性进行比较,就更能从另一方面澄清这种统一性的颠倒本质。由于这种实践理性的统一性本质上带有一种差异,因此它要么被设定为固执于一个规定性,从而其他的规定性即由此而直接被排除,被设定为否

定性的;它要么被设定为分析命题,从而这个命题的同一性、它的这种形式就同它的内容相矛盾。也可以这样理解:作为命题,它因其内容而与命题的要求——即成为一个判断——相矛盾。命题应该有所言说,然而同一性命题却什么也没说,因为同一性命题不是判断,其中主词和宾词的关系只是形式上的,两者之间的差异根本就没有设定起来。或者统一性被认为是普遍性,因而它就完全关联到一种经验的杂多,并且规定性作为当下的规定性便与经验上无限多的其他规定性相对立。反之,直观的统一性则是诸规定性的无差异,这些规定性构成一个整体,并不坚持各自的分别和对立,而是合为一体,形成一个客观的东西。因此,由 440于这个无差异和那些不同的规定性完全统一起来了,它就不再是分裂——前者[无差异]作为可能性,后者[诸规定性]作为诸种现实性,或者后者的一部分是更加可能的现实性,另一部分则是更加现实的现实性——而是绝对的当下。在直观和当下的这种力量之中,包含了伦理一般的力量,自然也包含了特殊伦理(Sittlichkeit im Besonderen)的力量。那种立法的理性首先是同这种特殊的伦理打交道,同时那种概念、形式的统一性和普遍性的形式也就完全受到它的阻碍,因为正是通过这种形式,伦理的本质被直接抛弃了:由于通过让伦理上的必然物表现为与其他物相对立之物,它就把这种必然物弄成了偶然物;而伦理中的偶然物——并且这种偶然物与经验必然性是同一的(eins)——是非伦理的。一种存在着的痛苦,通过出自情感的直观的力量(在这种情感中,这种痛苦只是一个偶性和偶然之物),被提升为统一性以及一个客观之物与自为存在着的必然事物的形态,并且通过这种直接统一性(这种直接统一性完全不考虑形式的统一性提供的各种可能性),在其绝对的当下得到维持。但是通过直观的客观性以及向自为存在的统一性的提升,这种痛苦也就与主体发生了真正的分离,并在这种统一性的固化了的直观中变成了观念性的东西;因为相反,这种痛苦通过反思的统一性与其他规定性比较,或是被设想为一个普遍物(并且发现为并不是普遍的),在这两种情况下,它都被弄成了偶然性的东西,由此主体也就只在其偶然性和特殊性当中认识其自身。这种认识乃是无能的感觉(Empfindsamkeit)和不合伦理(Unsittlichkeit)。或者,如果伦理关联于个体与个体之间的关系,那么就正是纯粹直观和观念性(如存在于寄存物的信托之中的纯粹直观和观念性)得到坚持,并且阻止它同形式的统一性和其他规定的可能性的思想发生混合。前述直观的统一性的表达:"别人托付给我的一件财产就是别人托付给我的财产,此外无他",作为实践立法的普遍表达出来的同义反复,就具有了一种完全不同的含义:"一件外来的托付给我的财产就是一件外来的托付给我的财产。"因为这个命题正好与另一个命题对立:"别人的托付给我的一件无财产权之物就是别人的无财产权之物";这就是说,一个提升为概念的规定性由此成为观念性的了,同样,与之对立的规定性也可以如此设定。相反,直观的表达则包含了一个"这一个"(*Dieses*);一个活的联系和绝对的当下,可能性本身绝对与它联系在一起,而一种与之分离的可能性,或者一个他在(*Anderssein*)也就完全取消了,因为在这种可能的他在中就存在着不合伦理性。

441

现在,如果实践理性的统一性还不是直观的肯定的统一性,而仅具有消灭有规定之物的否定含义,那么它就纯然表达了否定的理性或是无限性、绝对概念的本质。但是因为这种无限性被固定了下来,并与绝对物分别开来,由此它就在其本质中自己表现为自己的反面;它还通过下述方式去模仿想要坚持它(指无限性)的、并在它之中抓住一种绝对统一性不放的反思,即绝对地产生这种绝对统一性的反面、一种差异和众多性,从而在这种无限地自我再生的对立之间仅仅容许一种相对的同一性,由此自身作为无限性就[正好]是它自己的反面,即绝对有限性。因其如此地孤立,故而它自己就只是无力的、被理性的真正的毁灭的力量所遗弃的形式,这种形式将诸规定性接纳到自身之中并容受之,它没有取消这些规定性,而是使它们永恒化了。

自然法的概念及其在整个伦理科学中的处境的最新规定,均依赖于前面阐述的对立,以及对这种对立的固定(即一方面坚持它是一种实在性,另一方面又坚持它是作为一种相对同一性的不完善的联结)。我们必须在这种更加细致的联系中考察之前的一般分析,看这种设定起来的不可克服的分离是如何以其独特的方式出现在自然法学之中的。

当构成对立的原则和对立本身的绝对概念固定下来时,它就在分裂中这样表现它自己:它作为纯粹统一性与作为众多性的自己相对立,从而它既在纯粹统一性又在纯粹众多性的形式下保持为绝对概念,因此在众多性的形式下,它并不是许多不同的特定概念,而是如同归摄在统一性之下一样,也归摄在众多性之下。它在众多特定的概念中进行归摄,它不是多,而是一。绝对概念,自身作为一种众多性,是大量主体;相对于这些主体,绝对概念在纯粹统一性的形式中,作为绝对的量,与它的这种质的被设定的存在相对立。因此两者设定起来,一是构成两者之本质的对立面的内在同一,也就是绝对概念;一是绝对概念在统一性的形式之下和在众多性的形式之下的分离存在。在统一性形式下,绝对概念是权利和义务;在众多性形式下,绝对概念是思维着的和意求着的主体。按照前一方面,权利和义务的本质与思维着的和意求着的主体的本质完全同一。这个方面,正如一般说来乃是无限性的更高抽象一样,构成了康德哲学和费希特哲学的伟大方面。但是康德哲学和费希特哲学并不忠实于这种同一,而是尽管承认这种同一为本质和绝对物,却又把一与多的分裂同样设定为绝对物,两者具有同样的尊严。由此,构成两者之本质、两者在其中应当得到同一的东西,就不是肯定的绝对物,而是否定的绝对物或者绝对概念;由此,那个必然的同一也就是形式的了,而这两个对立的规定性也就被设定为绝对之物,从而在它们的存在中落入观念性之下。在这种情况下,这种观念性就只是二者的单纯可能性。作为特殊物,权利和义务可能与诸主体分离(并且诸主体也与它们分离),独自具有实在性;但二者也可能会结合起来。这两种可能性应当分开,被区分开来,这是绝对必然的,这样每一种可能性就各自奠定了一门独特的科学的基础:其一涉及到纯粹概念和众多主体的同一,或者行为的道德性;其二涉及到[它们的]不同一或者合法性。结果,在伦理向道德性和合法性的这种分裂中,这两种单纯的可能性得到了实现,并正因为如此而成为同样肯定的了。尽管其一对于另一个来说是否定的,然而两者都是肯定的。并不是其中一个是绝对肯定的,另一个绝对是

442

否定的东西；而是每一个在与另一个的关系中都是这两者
[即既是肯定的，又是否定的]。由于首先二者都只是相对
肯定的，因此合法性和道德性两者都不是绝对肯定的或者
真正伦理的。然后两者(其一与另一)是同样肯定的，因此
二者就是绝对必然的，由此，这种可能性，即纯粹概念与权
利和义务的主体不应同一，也就无可改变地绝对设定起来。

　　合法性体系的基本概念以如下方式直接产生出来。纯
粹的自我意识、自我是真正的本质、绝对物，尽管如此，它还
是有条件的。它的条件是，它要进到一个实在的意识。在
这种彼此制约的关系中，意识的这两种形式彼此保持绝对
对立。那种纯粹自我意识、纯粹统一性或者空洞的德性法
则、所有人的普遍自由，对立于实在的意识，即主体、理性的
存在者、个别的自由；[这就是]费希特以一种通俗的方式表
达出来的前提，即"诚实信用的丧失"①。在此前提下，一个
体系建立了起来。通过这个体系，尽管伦理的概念和主体
两者彼此分裂开来(然而正因为如此，这种分裂也就只是形
式的和外在的，而这种关系便叫作强制)，但却应该统一起
443　来。然而，由于同一的这种外在性被彻底固定下来，并且被

---

①　参见 Fichte, *Naturrecht*, T. Ⅰ, S. 166。另见〔德〕费希特：《自然法权基
础》，第 143 页。——译者

设定为某种绝对的自在存在者,因而内在性、对失去了的诚实信用的重建、普遍自由和个体自由的同一以及伦理也就统统成为不可能的了。

在一个这样的外在性的体系当中——我们这里讨论费希特的阐述,它是最一贯的,最少形式的,并且实际上追求一个一贯的、无须陌生的伦理和宗教的体系——正如在所有从有条件者前进到有条件者的体系中一样,要么无法指出无条件者,要么这样一个无条件者设定起来时,则它就是那种在自己之外尚有有条件的差异者的形式的无差异,是无形式的本质、无智慧的力量、无内在的质或者无限性的量、无运动的静止。

在"以机械的必然性发挥效用的安排"① 中,每个个人的活动都要受到普遍意志的强制。这种安排的最高任务以个别意志和普遍意志之间的对立为前提,同时这个普遍意志在这些作为其机关和管理人的主体中也必然是实在的。因此,与普遍意志的同一不能理解和设定为内在的绝对尊严,而是某种应该通过一种外在的关系或者强制产生的东西。但是在这里,在实在性中,在将要设定的强制和监督的

---

① 参见 Fichte, *Naturrecht*, T. Ⅰ, S. 169ff.。另见〔德〕费希特:《自然法权基础》,第 146 页。——译者

过程中,并没有进到无限的系列,没有从实在物跳跃到观念物。必须有一个最高的肯定的点,强制按照普遍自由的概念从这个点开始。但是就像所有其他的点一样,这个点也必须受到强制,然后它才能按照普遍自由的概念[对其他点]进行强制;一个在这个普遍的强制体系中未被强制的点就会逸出这个原则,成为超越的。因此,现在的问题就是,这个最高的意志如何通过强制和监督而符合普遍意志的概念,由此这个体系得以保持为内在的和先验的。要做到这一点,那么整体的权力(Macht)就应该分配给彼此对立的双方,从而被统治者受到政府的强制、政府受到被统治者的强制。如果权力(因此双方之间的可能强制)不是势均力敌的话,那么由于一个部分的权力超过另一部分,或是由于双方权力的泛滥,就会只有一个部分受到强制,对立的部分却没有受到强制,[而]这种情况不应存在。然而,真正说来,唯有超强者(Übermächtige)才是强者(Mächtige),因为如果某物要为他物设定界限的话,那么两者就必须势均力敌。弱者是不能为别人设定界限的。因此,两者就必须以同样的力量互相强制、自我强制。这样,只有作用力与反作用力、动力与阻力大小相等时,双方的力量才会消解于平衡之中,由此所有的活动、意志表达和行动才会得到扬弃;这种消解可以肯定地或者否定地进行设想,即要么作用力和反作用

力是存在着的、发挥作用的,要么它们是否定地设定起来
的,平衡建立在既无作用亦无反作用的情形之上。为了摆
脱这种僵局,而把双方的直接对峙扩散为一个作用的循环,
从而接触的中心和消解对立双方的点就似乎通过虚假的空
置(Leerlassen)而被扬弃了,但这也并不是真正的解决办法。
与从最高权力通过其分化一路下降到所有枝节的强制的等
级制相对立,这些枝节也应该自下而上建起一个直通顶点
的同样的金字塔体系,以反对自上而下的权力体系,从而将
整体变成一个圆圈,在这个圆圈中,直接的接触消逝了,各
种力量由于数量庞大,便发生了分化,并且通过中间环节而
产生了人为的差异,这样,也就没有一个环节(Glied)直接反
作用于对其进行推动的环节(似乎由此便归于平衡),而总
是反作用于另一个不对它进行推动的环节,从而第一个环
节推动最后一个环节,而最后一个环节又反过来推动第一
个环节。但是这样一种各个部分应当在循环系列中推动所
有部分的永恒运动(*perpetuum mobile*),不是把自己设定为运
动,而是设定为完全的平衡,从而变成了一种完全的永恒的
静止(*perpetuum quietum*),因为作用力与反作用力、强制和被
强制完全相等,并且直接对立,从而就像在前一种观点中一
样,正好导致了力的消解。这样一种中介完全没有为纯量
带来差异,或者真正的无限性和形式;因此纯量不要被它欺

骗,它一仍其旧,依然是一种完全没有分裂的、纯粹的、没有形态的力量。不可能以这种方式去强制那种权力,让它符合普遍自由的概念,因为在它之外,找不到[其他的]力量,在它内部,也不能设定分裂。

　　职是之故,也就逃向了一个完全形式的区分。现实的权力诚然被设定为一种权力,设定为在政府中统一的权力。但是与之对立的权力,则是可能的权力,并且这种可能性本身应该能够强制那种现实性。共同意志的这个第二种无力的存在应当能够判断,权力是否离开了它与之相联的第一445 个[普遍意志],权力是否不再符合普遍自由的概念。它应该要对一般的最高权力进行监管,如果在最高权力这里一种私人意志取代了普遍意志,那它就应该剥夺这个私人意志的最高权力。其方式应当是公开声明,从这一刻起,最高国家权力的所有行为都统统无效,而且这种声明具有绝对的效力。权力通过自身的判断与自己分离,就是造反,这是不应当也不允许发生的事情;因为这种纯粹的权力纯由私人意志组成,而这些私人意志是无法构建出共同意志的。然而,前述第二个共同意志则宣布这群[私人意志]为一个团体,或者此纯粹权力与普遍意志的理念是统一起来了的,因为普遍意志不再出现在前述掌权者之中。不管设定何种规定性,让它运用任何手段去反对最高权力,那么这种规定性就要拥有实权,而不仅仅是单纯的可能性。但是因为实际权力掌握在共同意志的另一代表机构手中,因而这个机构就能够阻止每一个这样的规定性,取消那些托付给监察官会议(Ephorat)的事务(监督、公布禁令,还有那些它可能设计出来的形式)。并且它与负责掌管这种规定性的事务的那些人一样具有同样的权利,因为这些监察官同那些人一样均为私人意志,他们的私人意志是否已经脱离了普遍意志,政府能够进行判断,就像监察官会议能够对政府进行判断一样,同时政府还能使其判断绝对有效。众所周知,在一个近来被政府解散了的对立的、并且让政府瘫痪的立法权那里,一个卷入其中的人有权对这种想法——即设定一个类似于费希特的监察官会议那样的监察委员会将会阻止一种这样的暴行——做出判断,指出这样一个有权进行监察的、想要跟政府对抗的委员会也同样会受到暴力对待。①然而最后,如果最高的掌权者们自愿允许普遍意志的这个第二代表机构召集民众,在他们和监督者之间进行裁决,那么这帮暴民(Pöbel)会开始干什么呢?他们在一切事物中仅仅关心私人事务,没有过过公共生活,因此也就没有养成共同意志的意识,没有受到完全以整体精神去行动的教育,而

---

① 此处暗指法国大革命时期议会与政府之间的对立。——译者

只能反其道而行之。

因此,我们已经指出,仅仅根据关系设定起来的伦理事
446 物,或是被设想为总体的外在性和强制,取消了其自身。由
此也就证明了:强制并非实在的东西,它自身什么也不是;
当我们于其自身按其概念、按其具有这种联系的关系的规
定性指出这一点时,也就更加清楚了,因为一般来说关系自
身什么也不是,对此,一方面辩证法必须予以证明,另一方
面前面已经做出了简短的阐述。

对于与强制相连、因此也就表达了这种关系的那些一
般的概念,我们已经部分地指出它们是无本质的抽象、思想
物或者想象物,没有实在性。首先出现的是一个毫无意义
的抽象物,即脱离了个人自由的所有人的普遍自由的概念,
然后另一方面又是同样孤立的个人的自由。每一个都自为
地设定起来,都是一种没有实在性的抽象物;然而两者是绝
对同一的,然后仅仅设定在这种最初的奠基性的同一性之
上,这样它们就完全不同于那些仅在非同一性中才有其意
义的概念。这样,自然的或者原始的自由就应当用普遍自
由的概念进行自我限制。但是那种能够设定为可以限制的
自由亦因此复又不是绝对之物了;如此,构建一个理念,以
便个人的自由以绝对的必然性通过外在的强制而与普遍自
由的概念相符(换言之,想象个人通过某种非绝对之物而与

普遍物实现绝对等同），这本身就是矛盾的。在强制本身的概念中直接为自由设定了某种外在物；但是一种对它来说存在着某种真正的外在物、异己之物的自由，绝不是自由；自由的本质和形式的定义正好就是，不存在绝对的外在物。

我们要完全驳斥这种自由观，即自由应当是对对立的规定性之间的一个选择，从而如果存在着＋A或者－A，那么自由就在于，或者将其自身规定为＋A，或者规定为－A，并且完全拘泥于此或者－或者＋。因此，诸如这种选择的可能性之类的东西，完全就是经验的自由，这种经验的自由与普通的经验必然性同一，完全无法与之分开。［相比之下，］自由更是对立物（＋A与－A）的否定或者观念性，是抽除［前述选择的］可能性，即不是两者当中的任何一个。当它仅仅规定为＋A或是－A时，它才会有一个外在物；而自由则正好相反，就是没有外在物，因此对它来说，也就不可能有强制。

每一规定性按其本质要么是＋A，要么是－A。＋A同－A、－A同＋A连在一起，不可分离。如果个体将自己设定在＋A的规定性之中，那么它也就与－A联系起来了，并且对它来说，－A是一个外物，不在它的势力之下；相反，由于＋A和－A绝对相连，它便直接通过＋A的规定性而处于－A的外力之下。在＋A与－A之间进行选择的自由完全

447

不能摆脱这种必然性。如果它将自己规定为 + A，那它就无法取消 − A，对它来说，− A 作为一个外在之物绝对必然地存在；反之，当它将自己规定为 − A 时，也是如此。只有当自由肯定地或否定地统一 + A 和 − A，从而不再处于 + A 的规定性之中时，自由才是自由。在这两个规定性的统一中，两者都被取消了：+ A − A = 0。如果这个零（Nichts）只是设想为相对于 + A 和 − A，无差异的 A 自身被设想为一个同另一个负［规定性］或正［规定性］相对立的正规定性或负规定性的话，那么绝对自由即被提升到这种对立之上，也提升到任一对立与外在性之上，所有的强制都绝对不可能的了，从而强制也就完全没有了实在性。

　　但是自由的这个理念自身显得是一个抽象物，并且如果说譬如论及具体的自由、个人的自由的话，那么一个规定性的存在，以及由此作为一种选择的可能性的单纯的经验自由，还有经验的必然性和强制的可能性——一般说来，普遍性和个别性的对立——也就设定了起来。因为个体为一个别性，自由则是个别性的取消；通过个别性，个体直接处于诸规定性之下，由此也就有外在物相对于它而出现，从而强制便是可能的了。然而，在无限性的形式之下将诸规定性设定于个体之中，与将这些规定性绝对设定于个体之中，是完全不同的两回事。在无限的形式之下的规定性同时也

就由此被扬弃了,个体只是作为自由的存在;也就是说,就
诸规定性设定于个体之中而言,则个体就是这些规定性的
绝对无差异,它的伦理自然在形式上也就存在于此;就这些
个体一般说来——无论是对其自身,还是对某个他物——
彼此不同并且联系到一个外物而言,这种外在性自身是无
差异的,是一种活生生的联系,因此有机体(因为总体仅仅
存在于有机体之中)以及伦理的肯定的东西也就同样存在
于此。但是个体(作为个别物)的无差异在与诸规定性的存
在的联系中乃是一个否定的无差异。然而在其存在被设定
为个别性(亦即一种它无法积极地予以克服的否定性、一个
外在物本身据以坚持其自身的规定性)的地方,那么保留给
个体的就只有完全否定的绝对性,或者无限性—— – A 或 448
者 + A 的绝对否定,或是将这种个别存在绝对接受到概念之
中。就 – A 相对于主体的规定性 + A 是一个外在物而言,那
么主体便通过这种关系而处于一种外力之下;但是由于它
能够否定地设定作为一种规定性的 + A 并且扬弃和让渡之,
因而它就完全摆脱了这种可能性和那种外力的现实性。通
过否定 + A 和 – A,它就得到了克服(bezwungen),而不是被
强制(gezwungen);只有当 + A 绝对固定在它上面,由此其他
规定性的一条无穷锁链也就系在它上面,亦即系在一个规
定性上面时,它才必须受到强制。这种摆脱一切规定性的

可能性是没有限制的,或者说,没有规定性是绝对的,因为这是直接自相矛盾的;相反,尽管自由自身或者无限性是否定物,然而却是绝对物,并且它的个别存在乃是绝对接纳到概念之中的个别性、否定性的绝对无限性、纯粹的自由。这种否定的绝对物、纯粹的自由在其现象中就是死亡;通过死亡的能力,主体证明自己是自由的,并且绝对超出一切强制之上。死亡是绝对的克服;因为这种克服是绝对的,或者在这种克服中个别性完全是纯粹个别性——即不是设定 + A 而排斥 − A(这种排斥不是真正的否定,而只是设定 − A 为一个外在之物,同时设定 + A 为一个规定性),而是 + 和 − 两者的扬弃,因此这个个别性就是它自己的概念,因而就是无限的,是它自己的对立面,或者绝对的解放,而死亡中的纯粹个别性就是它自己的反面——普遍性。因此,在此克服中,自由便通过纯粹指向一个规定性的扬弃而出现。它不仅仅扬弃规定性的一个方面,因此就其自身而言,仍然保持为纯粹否定性的;而且就这个规定性既设定为肯定的又设定为否定的,既设定为主观的又设定为客观的而言,对它进行扬弃。或者说,由于扬弃自身能够通过反思得到肯定的理解和表达,因此规定性的两个方面的扬弃也就表现为规定之物的两个方面的完全平等的设定。

如将其应用到刑罚中,则其中唯有报复才是合乎理性的;因为通过报复,犯罪就被克服了。犯罪设定起来的规定性 + A,通过设定 − A 而得到补足,从而两者都被取消了;或者从肯定方面来看:随着规定性 + A,罪犯就与对立的规定性 − A 联系起来,两者同样设定起来,因为犯罪仅设定一个。因此刑罚就是自由的恢复;不仅罪犯保留了自由(或者不如说是使他成为自由),而且刑罚者也是合理和自由地行动。449 在这种规定中,刑罚是某种自在的、真正的和无限的东西,是某种绝对的东西,因此它在自身就具有它自己的尊重和畏惧;刑罚来自自由,在自由中保持自身为克服着的。反之,如果刑罚表现为强制,则它就只是被设定为一个规定性,某种完全有限之物,自身没有任何合理性,从而便完全落入了与一个他物相对立的某个特定物(或是一件可以与其他商品——即犯罪——进行买卖的商品)的普通概念之下;国家作为司法权就经营了一个叫作犯罪的规定性的市场,在这个市场上,人们可以用[名为刑罚的]其他规定性来销售犯罪,法典就是它的价目表。

三

然而,这些抽象物以及由此产生的外在性关系如此无意义,因此在此例中决定性地标明为犯罪与刑罚之关系的否定的绝对物或是无限性的环节,就是绝对自身的环节,并且必须在绝对伦理中指出来。我们将会在其必然环节中把握并指出绝对形式(或者无限性)的灵活多变,看这些环节是如何规定绝对伦理的形态的,实践科学的真概念和关系就是从中产生出来的。因为这里首先取决于这种包含在其中的关系的规定,故而必须突出无限性的方面,由此,我们的前提就是肯定的东西,即绝对伦理总体无非是一族人民,这一点也会在我们这里考察的否定物的下述诸环节中变得一清二楚。

现在,在绝对伦理中,无限性(或作为绝对否定物的形式)就作为前面理解的克服本身而被接纳到其绝对概念之中。在绝对概念中,绝对否定物不是与各个个别的规定性发生关系,而是与这些个别规定性的全部现实性和可能性(也就是生命本身)发生关系。因此,质料也就与无限的形式实现了等同;这种等同的方式是,它的肯定物乃是绝对的伦理,亦即属于一族人民之物,个人与它的同一唯有在否定物之中,通过死亡的危险才能得到确凿无疑的证明。通过无限物(或关系的方面)与肯定物的绝对同一性,诸伦理总体(诸族人民)形成其自身,自己构建为许多个体,因而也就矗立为许多彼此相对的个别人民。这种地位和个体性是实在性的方面,不虑及这一方面,那么它们都是思想物,都是没有绝对形式的抽象本质,正因为如此,这种本质也是无本质的。个体性与个体性之间的这种联系是一种关系,并且是一种双重的关系:其一是肯定的关系,两者在安宁、平等中和平共处;其二是否定的关系,一个排斥另一个。这两种联系是绝对必然的。对于第二种关系,我们已经将理性的关系理解为一种接纳到其概念中的克服,或是理解为绝对的形式的德性,即勇敢。对于伦理总体的形态和个体性来说,正是通过这个第二方面的联系,设定了战争的必然性。

因为在战争中存在着自由的可能性，也就是说，不仅各个个别的规定性，而且作为生命的全部规定性，都被战争消灭了，并且是为了绝对本身或是为了人民而被消灭。正如风的激荡使湖水不至于成为一池腐臭的死水一样，战争也在各族人民反对各种规定性、反对这些规定性的惯习和僵化的无差异中维持各族人民的伦理健康，俾使它们免于因长期、永久的和平而导致的腐臭。

由于我们将伦理总体的形态及其个体性对外规定为个别性，将其运动规定为勇敢，因此刚才考察的无限性的否定物也就直接与另一方面（即对立的存在）发生关联。一个方面是无限性，是否定性的，另一个方面也同样如此；第一个是否定之否定，是与对立面相对立的对立面；第二个是存在于规定性（或者杂多的实在性）之中的否定和对立面自身。在实践领域，这些在其纯粹内在的无形式性和单纯性之中的实在性，或情感，乃是那些从差异中进行自我重构的、从扬弃了无差异的自我感的状态中走出来的、经过诸直观的消灭而得到恢复的情感——即自然的需要和享受，它们在一个总体中重新设定其自身，在它们的无限交织中服从于一种必然性，并形成为自然需要以及满足这些需要的劳动和积累的普遍的相互依赖的体系，即所谓的政治经济学体系。由于这个实在性体系完全居于否定性和无限性之中，因此它与肯定的总体的关系就是,后者必须完全否定地对待之,并且支配之;其本性为否定性的东西,必须保持为否定性的,而且还不能变成某种窒碍之物。为防止其割据自大,变成一支独立的力量,单单提出下述命题是不够的:每个人都有生活的权利;在一族人民中,普遍物必须要关心:每个公民都要有活路,并且赚钱要百分之百地安全、轻松。如果把第二个命题作为绝对的原理,那它就排除了对占有 451 体系的否定性探讨,并为它提供了完全的保证,使之绝对地固执其自身。然而,伦理整体更应该使它时刻感受到它自己的内在的虚无,阻止它的自然发展趋势,也即数量的急剧飙升,以及差别与不平等的日益扩大。在每一个国家,这更多的是悄无声息地、以一种国家自身想要幸免的外在的自然必然性的方式,通过日益增加的、随着占有体系的增长而增长的国家开支,以及相应的提税、减少[市民的]占有、增加赚钱的难度,特别是通过使人阢陧不安的战争,还有其他等级的嫉妒,以及对商业进行有意的或是非理性地拂逆其意志的压制而得到实现,直到国家自身的肯定的伦理能够达到独立于这个纯粹实在的体系,并宣布其否定性的、限制性的态度的程度为止。

　　我们刚刚考察的那种联系中的实在性(自然需要、享受、占有以及占有和享受的对象构成这种联系的不同方面），乃是纯粹的实在性，它只表达了关系的一方。关系还包含了一种观念性，一种对立的规定性的相对同一性，并且这种相对同一性也不是肯定地绝对的，而只是形式的。通过这种实在之物在关系的联系（Beziehung）中设定而成的这种同一性，占有就成为所有权，并且一般说来，特殊性（而且是生动的特殊性）同时也就被规定为一个普遍物，法权的领域由此构成。

现在，就绝对物在这种关系中的反映而言，则前面已经按照它同实在的和受规定的东西的持存相对立的否定性方面，将其规定为一种克服；按其相对于实在的东西的持存的肯定性方面，则无差异在这种特定质料中就只将自身表达为一种外在的、形式的平等，而与之相关的科学就只能一方面规定不平等的程度，另一方面（由此这应是可能的）规定一般而言一种生命物或者内在之物如此客观、外在地设定起来，从而能够满足那种规定或计算的方式。在这个阶次，出现于对立之中的实在性将伦理的绝对实在性限制在这种表面的现象上。由于那种包含绝对对立于自身的僵硬的规定性，不平等之设为平等与［不平等的程度的］计算就不仅有其限度，并且如几何学会遇到无法通约［的情形］那452 样——而且因为它完全停留在规定性之中，不像几何学那样能够进行抽象，并由于它处于活生生的关系之中，从而只能拥有一大堆这样的规定性——绝对会遭遇到无穷无尽的矛盾。通过顽固坚持个别的规定性，这些规定性的这种矛盾便在一种直观那里得到缓解，达到一个终点，由此做出一个决定（有决定总比无决定好）。但是因为在质料（Sache）当中是不会有绝对物的，因此真正说来，形式的要求（即一般说来总要做出决定和规定）就是根本的事情了。然而，这样的决定要合乎真正、完全的正义和伦理，就完全是另外一码事情了。由于顽固、绝对地坚持这些规定性，正义也就成为不可能的了；只有对这些规定性进行混合，正义方才可能，同时，也只有通过直接的伦理直观（这种伦理直观制服了这些被设为绝对的规定性，唯整体是务），正义才是现实的。柏拉图在谈到（1）将诸质无限地接纳到概念之中的没完没了的规定和（2）这些质的个别性同直观之间的矛盾以及它们自身之间的矛盾这两个方面时，以朴实的语言说道：

> 立法的艺术显然属于国王的艺术；如果起作用的不是法律，而是人即智慧的王者的话，那就最好不过了。因为法律不能以最准确又最一般的方式对最卓越、最正义的事情做出完美无缺的规定，而人和行为复杂多样，人事也从来都不是静止不变，这就决定了没有任何一种艺术能够对某一事物的所有方面做出千古不

易的规定。但是我们看到,法律就像一个固执己见的
蛮子一意孤行,当他规定的情况有另外的更好的解决
办法时,也绝不会改弦更张,或是让人过问;因此,对于
从来就不是一成不变的事情来说,完全一成不变的东
西也就不可能是好的了。①

死抱住这种思想——在这个人事的领域中,特定的自
在存在着的绝对的权利和义务是可能的——不放,这种情
况乃是形式的无差异或者否定的绝对物的后果。这个否定
的绝对物只有在这个领域的坚固的实在性上面才有其地
位,但又是自在存在着的;就其为自在存在着的而言,它是
空的,或者说,在它这里,除了这种纯粹的抽象物、这种完全
无内容的统一性思想以外,没有任何绝对的东西。它既不
是从以往的经验得出的结论,也不能视为一个先天的真实
理念的偶然的不完善的具体之物与实现。相反,我们要认
识到,这里所言的理念以及由此产生的对于更加美好的未
来的希望就其本身而言都是虚无的,而且在司法权的具体
453 领域中,完美的立法以及符合法律规定性的真正正义,本身
就不可能。就前者而言,则因为绝对物应当存在于规定性

---

① 〔古希腊〕柏拉图:《政治家》,294a—b。——译者

自身当中,因此它就只是一个无限物;正是这种经验的无限性与自身无穷的可规定性设定了起来,这就好比是用一把特定长度的尺子去量一条无限长的直线,以测出其长度,或是用一把完全没有刻度的尺子去量一条特定长度的线段,以对其进行绝对分割一样。就后者而言,那么同样也有数量无限、形式无限的观点,它们作为司法的对象,每一个都随着规定的增多而获得方方面面的规定。立法的细化对每一观点做出更加细致、全面的规定,立法的扩张也并不是接近肯定的完美的目标(如前述,这里肯定的完美并无真理性),而只是形式的不断扩充。现在,为了在这种多样性中达到法和裁决的司法观点的统一,形成一个真正的统一和整体,对每一个个别的规定性进行修正,就是绝对必要的了。这就是,部分地扬弃每一个别规定性作为法律表达出来的绝对的、自为存在的一面,因此也就不会尊重它的绝对存在;同时也就完全谈不上纯粹的适用,因为纯粹的适用就是设定一些个别的规定性,排除其他的规定性。但是通过它们的存在,这些被排除的规定性也要求得到考虑,由此交互作用就不是通过部分,而是通过整体得到规定,从而自身就应该是一个整体。在这种清楚明确的知识面前,无论是绝对立法的还是完全排斥了法官内心的判决的空洞希望与形式思想都不堪一击。

　　对我们考察的这个实在性体系,可以指出,绝对伦理必须对它持否定的态度。在这个体系中,绝对物出现在其僵硬的规定性之下,被设定为否定的绝对物,设定为无限性。与其对立面相对立,这种无限性自身表现为形式的、相对的、抽象的统一性。在前面的否定态度中,绝对物敌视这个体系,在后面这个体系中,绝对物处于它的支配之下,在这两种情况下都不能无差异地对待这个体系。但是(1)那种作为对立面的无差异、在自身消除并且理解了对立面的统一性,以及(2)那种仅仅是持存着的实在性的关系的形式的无差异或者同一性的统一性,必须通过将关系完全接纳到无差异自身之中,完全成为一个东西;也就是说,绝对伦理454必须组织为完美的形态,因为关系是形态的方面的抽象。关系通过在形态中彻底无差异化,它也并不因此就没有了关系的本性;它仍然保持为一种有机自然对无机自然的关系。但如前述,关系作为无限性的方面,自身乃是一种双重的东西;要么统一性(或者观念的东西)占据首要和支配的地位,要么多(或者实在的东西)占据首要和支配的地位。按照前一方面,关系真正处于形态和无差异之中,概念或者无限性的永恒的不安部分地在有机体本身中耗尽其自身,抛弃纯粹数量的生命现象,以作为自己的种子永远从其灰烬中焕发出新的青春,部分地永远消灭其外部的差异,从无

机的东西那里获得营养,并将其产生出来,从无差异中弄出
一种差异或者一种无机自然的关系,然后重新取消这种关
系,耗尽它们和它自己。我们很快就会看到,伦理的这种无
机自然是什么。然而,在关系或者无限性的这个方面,被毁
灭之物的持存也设定了起来,因为绝对概念就是其自身的
对立面,因此差异的存在也就与它的纯粹统一性和否定性
一道设定了起来。换言之,毁灭设定了某种其所毁灭之物
(或实在之物),因此应当存在一种对于伦理来说无法克服
的现实性和差异。这里通过无限性在其对立的全部力量中
确立起它的地位,个体性就不仅按照可能性,而且现实地
(actu),按照现实性处于对立之中,从而无法清除掉这种差
异,将自身接纳到绝对无差异之中。这两个方面,即扬弃了
对立的存在与对立的持存,不仅是观念性的,而且也是实在
的,这样,一般地,便设定了一种分离和筛选,从而作为伦理
之客观存在的实在性也就分为两个部分,第一个部分被绝
对地接纳到无差异当中,而在第二个部分中,实在物本身得
以存在,因而是相对同一的,其自身只是绝对伦理的反映。
因此也就设定了一种绝对伦理(绝对伦理完全寓于个人之
中,构成他们的本质)与相对伦理(相对伦理在各个个人那
里也同样是实在的)的关系。只有否定物的普遍扩张在伦
理有机体当中受到阻遏并被摞在一边时,伦理有机体才能

在实在性中纯粹地维持其自身。至于无差异如何出现在持存的实在之物中并构成形式的伦理,前文已经指明。这个领域的概念,作为实在的实践[领域](Praktische),从主观方面看,就是感觉或者身体的需要和享受,客观地看,就是劳动和占有;这个实践[领域](如按照其概念发生)被接纳到无差异当中,就是形式的统一性,或者法权(Recht),法权在这个实践[领域]中是可能的。第三个东西作为绝对物或者伦理,超出二者之上。然而,相对统一性的(或者说这种实践和法权的)领域的实在性也在它的 ①总体的体系中自成一个等级。

这样,按照伦理的绝对必然性,便形成了两个等级,其一为自由人等级,绝对伦理的个体,个别的个人为其器官。从其无差异方面来看,它是绝对鲜活的精神,从其客观性方面来看,则为这个整体在作为其器官和四肢的诸多个人的总体中的鲜活的运动和神圣的自我享受。然而,其形式的或否定的方面也必须同样是绝对的,即不是指向毁灭个别规定性的劳动,而是指向死亡的劳动,同样,这种劳动的产品也不是个别的东西,而是伦理有机体之整体的存在和维

---

① "它的"(seiner)当中的"它"当指前面所言的"绝对物"或者"伦理"。——译者

持。亚里士多德为这个等级规定的事务,就是希腊人所言
的 πολιτύειν:在人民中生活,同人民生活,为人民生活,过
一种普遍的、完全属于公共事务的生活;或是从事哲学思
考。这两种事务,柏拉图以他更高的生命力认为它们是无
法分开的,是完全连在一起的。然后是非自由人等级,这个
等级处于需要和劳动的差异之中,以及占有和财产的法权
和正义之中。这个等级为了个人而劳动,因此自身不包含
死亡的危险。在这两个等级以外,还要加上第三个等级,它
在其原始的粗朴劳动中只是同作为元素的土地打交道,它
的劳动是以满足其全部需要的直接客体为对象,无须对这
种客体进行加工,因此这种劳动本身就像元素一样是一个
纯粹的总体和无差异,从而在第二等级的知性的差异之外,
在形式的绝对伦理、勇敢和壮烈牺牲的可能性当中维持其
躯体和精神,因此就能在数量和基层方面壮大第一等级的
队伍。这两个等级使得第一等级摆脱了这种关系:在此关
系中,实在性部分地在其静止的方面,部分地在其活动的方
面,作为占有和财产与作为劳动固定下来,以这种方式,就
像在许多现代人民当中那样,谋生的阶级使自己局限于生
计,慢慢地不再服兵役,而勇敢也就自身纯然形成为一个特
殊的等级。谋生的等级使其免于生计操劳,而占有和财产

对它来说至少不过是偶然的事情罢了。柏拉图根据其质料，这样规定前述第二等级的构成：

> 王治将通过死刑、流放和剥夺最重要的公民权去除那些不能养成勇敢、节制及其他德性，反而被其邪恶的天性的力量驱赶到渎神、傲慢和不义那里去的人，反之，那些愚昧不肖之徒则将成为奴隶。①

亚里士多德也认为那些按其天性不属于自己而属于他人的人，那些有如身体之于灵魂的人，为同一类型。②

但是按其天性属于他人，但其精神不在自身的人同绝对独立的个体性的关系，依其形式，可以是一种双重的关系，即要么是这个等级的个人（作为特殊的个人）同第一等级的个人（作为特殊的个人）的关系，要么是普遍同普遍的关系。前一种奴隶关系已经在罗马帝国的普遍性的经验现象中消失了；在绝对伦理的丧失中，并且随着高贵等级的堕落，以前的两个不同的等级成为平等的了，随着自由的消

---

① 〔古希腊〕柏拉图：《政治家》，308e—309a。——译者
② 〔古希腊〕亚里士多德：《政治学》，第一卷，1254a13 以下。——译者

失,奴隶制也必然消失。当形式的自由和平等的原则必然
有效时,一般说来,它就会抛弃等级之间的真正的内在区
分,首先不会产生上面提出的等级的分离,更不会产生以这
些等级为前提的等级的分离的形式,据此形式,它们在普遍
性的形式下,只是作为整个等级与整个等级处于统治和依
赖的关系之中,由此,在这种关系中,这两个联系起来的等
级便保持为普遍等级;相反,在奴隶制关系中,特殊性形式
成为规定者,不是等级对等级,而是每个部分的这种统一性
分解为实际的联系,[于是]个人依赖于个人。普遍性和平
等的原则首先必须如此占领整体,以至于两个等级不是分
别开来,而是混杂起来。在形式统一性法则之下的这种混
杂中,第一等级实际上完全毁灭了,第二等级成为了普遍的
人民;吉本以这样的笔触描绘了此种变化:①

　　长期的和平和罗马人的划一统治将一种隐秘毒素
慢慢注入帝国的生命之中。人们的思想逐渐降至同一
水平,天才的火焰熄灭了,甚至军事精神也蒸发了。他

---

　　①　Edward Gibbon, *The History of the Decline and Fall of the Roman Empire*, 1787, Vol. 1, pp. 74f. ——译者

们的个人勇气保留了下来,但是再也没有了由热爱独立、国家荣誉感、时时刻刻的危险和服从命令的习惯养成的公共勇敢。他们从他们的君主的意志那里接过法律和总督。他们最勇敢的领袖的子孙后代满足于公民和臣民的地位。最有抱负的人们麋集在皇帝麾下,被抛弃的行省失去了政治的活力或统一,不知不觉地沉入懒散冷漠的私人生活之中。①

随着这种普遍的私人生活,还有人民仅由第二等级构成的状态,直接出现了形式的法律关系,它将个别存在固定起来,绝对地设定起来,同时一种出自这种腐败状态和普遍堕落并与这种法律关系相连的最完美的立法也形成和发展起来。这个财产和法律的体系由于前述个别性的僵化存在,决非绝对永恒之物,而是完全陷入有限和形式之物当中。这个体系实际上脱离并排除在高贵等级之外,它必然自成一个等级,然后就能在其整个体量中扩充它自己。属于这个体系的,部分是本身从属的、纯粹形式的对于占有、契约等等的法律根据的追问,部分则一般来说就是对柏拉

---

① 文中三处强调均为黑格尔所加。——译者

图归纳过的那些事情进行完全没完没了的立法扩展:①

　　个人与个人之间关于财物或手工劳动的契约的法律问题,以及侮辱和伤害[的诉讼],关于法官的权能和任命的条例,市场或者港口何处必须收税或者征税——对善好的人来说,为他们制定这些事情的法律是不当的,因为只要神明赐给他们真正的伦理制度,他们自己就很容易发现关于这些事情的大多数规定。然而,在情况并非如此的地方,他们就会将生命花在制定和改善许多诸如此类的法律上面,以为他们最终可以获致最好的结果——他们的生活就像纵欲无度的病人,无法抛弃不良的生活习惯,结果越是治疗,疾病反而越多越沉重,而他们还一直痴心妄想着有人能够告诉他们一剂良药,使他们恢复健康。那些对前面讲过的那些事情制定法律并且不断修改,以为可以达到目的的人,不也一样可笑吗? 他们不知道,他们实际上是在剁九头蛇的脑袋。

　　确实,一旦人民中间放纵和疾病增多,许多法院便会开门营业,不仅那些刁民和手艺人需要技艺高超的

---

　　①　〔古希腊〕柏拉图:《理想国》,425c—427a、404c—405b。——译者

医生和法官,那些自诩受过自由教育的人也离不开他们,这些人将大把的时间花在法庭的诉讼和应诉上面,从作为主人和法官的别人那里接受一种强加给他们的正义,哪里还能找到比这更好的丑恶教育的明证呢?

458　　这个体系在与前述关系混淆、与这些关系及其后果完全无法分开之处,必然自身发展为普遍的状况,同时摧毁自由的伦理。此时,人们就必然有意识地接受这个体系,承认它的权利,而它也就被排除在贵族等级之外,并容许其自成一个等级,作为它的王国。在这个王国中,它能够自我确立,并稀里糊涂地展开其全部活动。由此,这个等级的阶次也就随之规定下来了,即其自身处于一般的占有以及对于占有的可能正义之中,同时,这个等级还构建起一个连贯的体系,并且通过将占有的关系接纳到形式的统一性之中,每一个个人,因其潜在地能够占有,便直接作为普遍物或者作为公民(在作为市民(bourgeois)的意义上)同所有人发生关系。[这样,]这个等级的成员便沦为私人,他们不再过问政治,由此换得了——不管是作为个人,还是作为整体——和平和收益,以及享受和平和收益的绝对安全。然而,就个人免除了勇敢,消除了属于第一等级的甘冒暴死的危险(对个人来说,这种危险是所有享受以及占有与权利的绝对不安全)的必然性而言,每个个人的安全却关涉到整体。通过扬弃这些原则的混淆和它们的构成上的有意识的分离,每一个原则都获得了其[应有的]权利,应有之物(即伦理作为绝对无差异的以及同时作为持存的对立之中的实在关系的实在性)得到了实现,从而后者被前者所克服。这种克服自身又无差异化了,并且得到了和解。这种和解正好存在于必然性的知识之中,也存在于法权之中。这是伦理通过将它自己的一部分转让和牺牲给它的无机自然和那些地下的力量,而为它们颁布的法权。因为牺牲的力量在于直观和客观化同无机物的这种纠葛,通过直观,这种纠葛便得到了解决,无机物被分离开来,并且作为这样的事物得到了承认,因而自身被接纳到无差异之中,而生命(das Lebendige)也通过将它知其为它自身的一部分的那种事物设置于无机物之中,将其献给死亡,同时也就承认了它的权利,并且自己从它那里得到了净化。

这不过就是悲剧在伦理事物中的上演,也是绝对物自身的永恒游戏。绝对物自己永远产生为客观性,在它的这种形态中经受痛苦和死亡,并从它的灰烬中上升为荣耀。459 神圣的东西在其形态和客观性中直接具有双重本性,它的生命就是这两种本性的绝对合一。但是这两种本性的绝对对抗的运动在神圣本性中表现为勇敢。在这种运动中，神圣本性把握到了其自身。它靠这种勇敢从另一与之对抗的本性的死亡中将自己解放出来，通过这种解放而放弃了它自己的生命，因为这种生命只是存在于与这种另一生命的结合中，但同样又绝对从它复活了。因为在这种作为第二本性的牺牲的死亡中，死亡便被克服了。然而，当这种神圣的运动出现在另一本性当中时，即表现为，这种本性的纯粹抽象只是一种单纯的地下的力量、纯粹否定的力量。它通过与神圣本性的生动统一而得到扬弃，这就是说，神圣的本性照亮了这种第二本性，并通过这种[出现]在精神中的观念性的合一使这种第二本性成为它的和解了的活的身体。这个身体作为身体同时保存在差异和短暂之中，并通过精神将神圣的东西直观为一个自己的异己之物。就伦理事物方面的进一步规定而言，这种悲剧的形象乃是复仇女神（作为居于差异中的法权的力量）和阿波罗（无差异的光明之神）在伦理有机体即雅典人民面前所作的那场关于俄瑞斯特的诉讼的结果。雅典人民以人的方式作为雅典的最高法院（Areopagos）在双方的票箱中投下了相同的票数，承认了双方的并存，这样，争端便未得到裁决，双方的联系和关系也没有得到规定。但是雅典人民却以神的方式作为雅典娜女神将这个通过神自身而卷入差异之中的人[即俄瑞斯

特]完全交还给神,并且通过将插手罪犯的两股力量分开,
做出了这样的和解,即复仇女神也要作为神圣的力量受到
雅典人民的尊崇,在城中有其地位,于是,人们在下面的城
中为她们筑起了祭坛,雅典娜则君临于与之相对的卫城之
上直视着她们,由此,她们的野蛮本性便得到了满足和
平息。

如果说悲剧在于伦理的自然将其无机的自然作为一种
命运从自己剥离,与自己对立,由此不卷入其中,并通过在
斗争中承认这种命运,与作为两者之统一的神圣本质和解
的话,那么相反(为了描述这幅图景),一般说来,喜剧就缺
少了命运的维度。它要么绝对生动,用虚构的命运和假想
的敌人来表现对立的幻影或者搞笑的斗争,或者只是死板
地表现独立性或者绝对性的幻影:前者是旧的或者神圣的
喜剧①,后者是现代喜剧。神圣的喜剧没有命运,没有真正
的斗争,因此其中只有对绝对物的实在性的绝对信赖和确
信,而没有对立面,然而那种作为对立面将一种运动带到完
全的安全和宁静之中的东西,只是一种不严肃的、没有内在
真理的对立面。与显现为外来的、外面的但是存在于绝对
确定性之中的神性相对,这种对立面将自己表现为一种孤

460

---

① 即《神曲》。——译者

立的独立性意识的残余或梦幻,也表现为一种虽然僵化顽
固然而完全软弱无力的个性(Eigenheit)的意识;或者,这种
对立面也将自身表现在一种自我感觉和自身意识到了的神
性中,这种神性有意识地自己产生出对立和游戏,并在其中
绝对轻率地让它的一些成员去博取特定的奖金,还让其多
个方面和环节生发为完全的个体性,自己形成组织,好像它
一般说来作为整体,能够认为它的运动不是朝向一种命运
的运动,而是偶然的事情,并认为自己是不可战胜的,损失
没什么大不了,确信自己能够绝对支配那种个性和放纵,而
且还意识到柏拉图在别处所言:一个城邦(Polis)具有一种
强大得令人咋舌的本性。①因此,一种这样的伦理有机体就
会比如说无危险地、毫不畏惧地或者毫无嫉妒地在每一艺
术、科学和才能中迫使它的一些成员发挥出最高的天分,令
他们在这些领域中卓尔不群——它自己确信,这种神圣的
大美不但无损于它的形象,反而使其形象的某个部分具有
特别有趣的喜剧性特征。我们可以看到,以一个特定民族
为例,荷马、品达、埃斯库罗斯、索福克勒斯、柏拉图、阿里斯
托芬等,都有某种极端有趣的特征。但是,我们必须要看
到,既在对苏格拉底的更加严肃的特殊表现的严肃反应中

---

①　暗指〔古希腊〕柏拉图《政治家》302a。——译者

（尤其是在对这种反应的懊悔中），也在同时萌生的大量高度活跃的个体化当中，[城邦的]内在生命力便达到了极致，在这些种子的成熟中宣告了它的力量，也宣告了孕育了这些种子的这个躯体的死亡的迫近，并且必须认为那些对立———一般说来，这些对立是它[城邦]招致的，并且之前也可能是它自己在它的更加严肃、影响更加深远的表现（如战争）中作为偶然之物同样轻率地激发和鼓捣出来的——不再是幻影，而是一种压倒一切的命运。

　　但是，与之对立还有另一种喜剧，这种喜剧的问题是没有命运，没有真正的斗争，因为伦理本性是卷入那种命运之中的；这里，情节的冲突不是在游戏般的对立中，而是在对这种伦理冲动来说是严肃的、对观众来说则是喜剧性的对立中形成的，冲突的解决则是在一种发现自己不断失望和丧气的人物和绝对性的情感中找到的。简而言之，这种伦理冲动（因为在这种喜剧中起作用的不是意识到了的绝对的伦理本性）必须将现存的东西变成法权的形式的和否定的绝对性，由此提供占有安全的意见以消除它的畏惧，并且通过协议和契约以及所有可能的条款使其区区占有成为某种安全、确定之物，从作为确定性和必然性的经验和理性出发将其体系推演出来，并用最深刻的推理进行论证。然而，正如诗人笔下的地下鬼魂们看到头一阵狂风即可将他们在

地狱荒原栽种的作物刮得无影无踪一样，①地上精神的一个
转身或者完全复苏便可将一半或者全部的科学卷走——这
些科学通过经验和理性得到证明，一个法权体系代替另一
个法权体系，这里是人性取代了严酷，那里又是权力意志取
代了契约安全，并且看到，在科学与现实中，原理和法权的
最好的、最保险的财富被毁灭殆尽了——而且它［伦理冲
动］要么认为，正是自己通过理性和意志而超出命运之上的
诸般努力，在这些材料上面艰苦劳动，才产生了这些变化；
要么对这些意外、不听话的变化大为恼火，先是召唤所有的
诸神面对这种必然性，然后自己顺应此种必然性。在这两
种情形下，这种在这些有限性当中寻找一种绝对无限性的
伦理冲动都只提供了它的信仰的以及永无止息的幻相的闹
剧，在它以为安息在正义、可靠和享受的臂膀处，这种闹剧
已经是在损失和不法之中了（在它最明亮的地方，也就是最
幽暗的地方）。

　　喜剧如此肢解伦理事物的两个领域，从而让每一个领
域都纯粹自为地活动，在一个领域中，对立和有限物乃是无

---

① 《黑格尔全集》（历史考订版）编者认为此处所指为克洛普斯托克
（Klopstock）的《弥赛亚》（*Messiah*）第二篇（canto）（*GW* 6，p. 617），英译者在注释
中则认为文字的相似并不足以保证黑格尔此处就是指的克洛普斯托克此篇（《黑
格尔政治著作选》，第 194 页，注 88）。——译者

本质的阴影，在另一领域中，绝对则是一个幻相。然而真实、绝对的关系乃是：一个严肃地照射到另一个之中，每一个都与另一个处于血肉联系之中，它们彼此互为严肃的命运；因此，绝对关系是在悲剧中表现出来的。

尽管伦理的鲜活形态或者有机总体中伦理的实在性方面乃是处于有限物之中，由此虽然它的身体的存在不能自在自为地完全接纳到伦理的神性之中，但是它[伦理的实在 462 性方面]却确实已经在其自身中将伦理的绝对理念表达出来了(当然是走了样的)。尽管伦理没有将理念的那些作为必然性彼此分散的环节在自身中内在地统一为绝对的无限性，相反，这种统一性仅为模仿的否定的独立性，即作为个人的自由；但是这个实在的存在却确实与伦理的绝对无差异的自然和形态完全结合起来了，即便它必然只是将这种自然直观为一个异己之物时，它也确实对它进行了直观，并且在精神中与之合一了。对它来说，首要的事情绝对是，完全纯粹无差异的形态和伦理的绝对意识应当存在，然后它作为实在之物，只是作为它[伦理的绝对意识]的经验意识与它发生关系，则是无关紧要的了——就像首先要有一件绝对的艺术作品，然后这个特定的个人是否是它的作者或者只是直观和享受它的某个人，则是次要的事情了。绝对物的那种实存是必然的，这种划分也是同样必然的，即一方面伦理的观念物和实在物的活的精神、绝对意识和绝对无差异应当存在,但是另一方面其①身体的和有朽的灵魂和它的经验意识[也应该存在]。这种经验意识不能完全统一它的绝对形式和内在本质,然而确实又享受作为它的一个外来物的绝对直观,并且对实在的意识来说,通过畏惧和信赖如同通过服从而与它合一,对观念的意识来说,则是在宗教中、在共同的神和对神的侍奉中与它完全统一。

但是,我们[之前]在第一等级的外在形式之下搁到一边的东西,乃是伦理的实在的、绝对的意识。它是意识,并且作为这样的意识,从否定的方面看,是纯粹的无限性和自由的最高抽象,即一直被逼到舍弃这种意识的强制状态或者自由的暴死;但是,从肯定的方面看,这种意识乃是个体的个别性和特殊性。然而这种本身否定的东西,即前面所言仅为其两个方面的这种一般意识,绝对地被接纳到肯定物之中,它的特殊性和无限性或者观念性,也绝对地以一种完美的方式被接纳到普遍物和实在物之中,[普遍和特殊的]这种合一就是伦理的绝对生命的理念。这是无限性和实在性在伦理有机体中的合一。在这种合一中,神圣的自

---

① H. B. Nisbet 将此处的"其"(dessen)翻译为"精神的"(spirit's)。参见《黑格尔政治著作选》,第156页。——译者

然——对于神圣的自然,柏拉图说道,它是不朽的动物,其
灵魂和身体永远同生共长 ① ——似乎将它的丰富多彩同时
在极度的无限性和在成为观念性要素的完全单纯的自然统
一性中表现了出来。因为尽管最完美的矿物质会在由质量
(Mass)区分开来的每一部分中表现整体的本性,但是其观
念性形式,既作为断裂的内在形式,也作为结晶的外在形
式,是一种彼此外在的存在;不像在水、火、气这些元素中那
样,按其本质和形式或者无限性,每个特殊的部分都是整体
的完美本性和代表。同样,这种矿物质的实在性形式也并
未被无限性的真正同一性所渗透,相反,它的感官并无意
识。其光是一色而不见。或者说,它是一种颜色的无差异,
因此就不会阻挡它自己通过;其声并非发自自身,非外物叩
击则不响;其味不尝,其香不闻,其重与硬亦无感觉;如果它
不属于诸感官规定的个别性,而是将它们在无差异中统一
起来,那它就是未展开的、封闭的无差异性,而不是自身分
离的并且统辖其分离的统一性——就像那些在其所有部分
完全相同的元素,只有差异的可能性,而无差异的现实性,
只有量的形式之下的无差异,没有作为质上设定起来的无
差异。然而,土[即大地]作为有机的、个体的元素,通过其

460

---

① 〔古希腊〕柏拉图:《斐德罗篇》,246d。——译者

诸形态的体系从最初的坚硬和个体性扩展到质的东西和差异,并且唯有在伦理自然的绝对无差异中自己才综合为所有部分的完全等同,以及个别物与绝对物的绝对实在的合一——在原始的以太中得到综合。原始的以太从其自身等同的、流动的和灵活的形式出发,通过个体的形成将它的纯量分散到个别性和数之中,并且通过将数纯化为纯粹的统一性和无限性,从而形成为理智,就完全克服了这个绝对顽梗和对抗的体系。这样,否定的东西由于成为绝对否定的,便能与肯定的绝对完全合一了,因为绝对概念是它自己的绝对的、直接的对立面,并且诚如古人 ① 所言,无并不比某物少;在理智(Intelligenz)中,形式或者观念的东西是绝对的形式,并且作为这样的东西,是实在的;在绝对伦理中,绝对形式和绝对实体最真实地结合起来。就居于实在性当中的单纯实体(作为纯粹以太)与作为同绝对无限性联姻的实体之间形成的那些个体性而言,没有一个能够将形式和质的统一性(这应当是通过整体和部分的量的、元素的等同,或者在更高的形成阶段,通过部分的更加具体的个体化),同时也将这些部分的形式的统一(通过植物的叶、动物的性别、群居生活和共同劳动的社会性),带到一个整体,带到存

---

① 〔古希腊〕亚里士多德:《形而上学》,第一章,第 4 节,958b。——译者

在于伦理之中的与本质和实体的绝对无差异,因为在理智 464
中唯有个体化才被驱至绝对的极端,即绝对概念,否定物才
一直被迫成为绝对的否定物,即成为它自身的直接的对立
面。因此,唯有理智才能够,当它是绝对个别性之时,就是
绝对的普遍性;当它是绝对的否定和主观性之时,就是绝对
的肯定和客观性;当它是绝对差异和无限性的时候,就是绝
对的无差异和总体——现实地(actu)在所有对立的展开中,
潜在地(potentia)在所有对立的绝对消灭和合一中——即成
为实在性和观念性的最高同一。

以 太 使 它 的 绝 对 无 差 异 从 光 的 无 差 异 465
(Lichtindifferenzen)之中走出来,成为多样性,并在太阳系之
花中以扩张的方式诞生其内在的理性和总体性。然而那些
光明的个体①散为众多,与之相对,这些构成太阳系的旋转
的叶片②自身必然表现为僵硬的个体性,由此,前者的统一
性便缺乏普遍性的形式,后者的统一性则缺少纯粹统一性,
两者无一能够自身具备绝对的概念。相反地,在伦理体系
中,天体体系的彼此外在分开的花朵就汇合起来了,并且绝
对的个体性完全统一于普遍性之中,实在性(或身体)与灵

---

① 即星星。参见《黑格尔政治著作选》,第158页。——英译者夹注
② 即行星。参见《黑格尔政治著作选》,第158页。——英译者夹注

魂达到了最高程度的合一,因为身体自身的实在的众多性
不过是抽象的观念性,绝对的概念就是纯粹的个体,这些个
体自身能够由此成为绝对的体系。因此,当绝对物乃是直
466 观自身者,并且是作为自身[而直观自身者],[从而]那种绝
对直观和这种自我认识、那种无限的扩张和它的这种无限
收缩于自身绝对是一个东西时,那么如果两者作为属性都
是实在的,则精神就要高于自然;因为,如果说自然是无限
差异化了的中介和展开的绝对自身直观和现实性的话,那
么精神(它是作为其自身的自身直观,或者绝对认识)在宇
宙的自我回收中,就既是这种彼此外在的众多性的总体(精
神是包含了这个总体),又是它的绝对观念性。在这种观念
性中,精神取消了这种彼此外在的存在,作为无限概念的直
接统一点返回其自身。

467   现在,从这种绝对伦理的自然的理念产生了一种关系,
这种有待进一步论述的关系就是个体的伦理与实在的绝对
伦理的关系,以及绝对伦理诸科学——道德学(Moral)和自
然法——之间的关系。因为实在的绝对伦理完全地并在其
[绝对概念的]最高抽象中将无限性或者绝对概念、纯粹个
别性统一于自身,予以把握,因此它直接就是个人的伦理;
反之,个人伦理的本质绝对是实在的(因而就是普遍的)绝
对伦理。个人伦理是整个体系的脉动,并且自身就是整个

体系。这里我们注意到语言的暗示。这种暗示尽管在以前遭到人们的拒绝，但从前面所言来看，它是完全正当的。这就是：绝对伦理的自然中即有一种普遍物或者伦常（Sitten），因此，表示伦理的希腊词，还有德语词，都卓越地表明了伦理的这种自然，而最近的伦理体系由于以一种自为存在和个别性为原则，就无法做到使用这些词语而不言明它们的联系；这种内在的暗示如此有力地证明，为了标明其本质，这些最近的伦理体系就不能滥用这些语词，而是采用了道德（Moralität）一词。尽管从其词源上看，这个词语也指向了同样的方向，但因为它是一个新造词，就不能如此直接地反对其不好的含义。

　　但是，根据前面所言，绝对伦理本质上是所有人的伦理，因此不能说，它在个人身上得到反映；因为它是个人的本质，就像弥漫于自然之中的以太是那些自然形态的不可分离的本质一样，又如它们的显现的形式的观念性（即空间）一样，在它们当中绝不表现为某种特殊物；相反，就像晶体的线和角（作为表现以太之本性的外在形式）是否定物一样，同样，当伦理本身在个人身上表达出来时，也只是一个否定的东西。如果伦理不是个人的灵魂，它就并不能首先在个人身上表达出来，只有当它是一个普遍物和一族人民的纯粹精神时，它才是个人的灵魂。按照自然，肯定的东西

先于否定的东西,或如亚里士多德所言:

> 人民按照自然先于个人;因为个人并不能离群索
> 居,他必须同所有人一道生活在一种与整体的统一之
> 中;谁不与他人共同生活,或者由于独立而一无所求,
> 不构成人民的一部分,那么此人不是动物,即为神明。①

468

其次,当伦理自身表达于个人身上时,它是设定在否定
的形式之下的,换言之,它是普遍精神的可能性,而属于个
人的那些伦理特性,诸如勇敢、节制、节俭或者慷慨等,都是
否定的伦理(即在个人的特殊性中,个别性并不能真正固定
下来,也不能进行实际的抽象)和存在于普遍伦理之中的可
能性或能力。那些自身为可能性而带有否定含义的德性,
乃是道德学的对象。我们看到,自然法和道德学的关系便
以这种方式颠倒过来了,即是说,自身否定之物的领域仅属
于道德学,而真正的肯定物则属于自然法;按其名称,自然
法应该建构出名副其实的伦理自然。相反,当自然法的规
定由否定物(既作为其自身,也作为外在性、形式的德性法

---

① 〔古希腊〕亚里士多德:《政治学》,第一卷,第 2 节,1253a。黑格尔所用
"人民"(Volk)一词,亚里士多德原文为"城邦"(Polis)。文中强调为黑格尔所
加。——译者

则、纯粹意志以及个人意志的抽象物）以及诸如强制、通过
普遍的自由概念对个人进行限制等抽象物的综合表达出来
时，就只是一种自然的非法（Naturunrecht），因为当这些作为
实在性的否定物为［自然法］奠基时，伦理的自然即已处于
彻底的败坏和不幸之中了。

　　但是，正如绝对伦理反映在作为否定物的个人（而这种
个人却是在绝对无差异中与普遍物和整体同在的个人）之
中的这些特性也就是绝对伦理在其纯粹意识中的反映一
样，绝对伦理也必然在其经验意识中得到反映，这种反映构
成第二等级的伦理自然，这个等级存在于坚硬的实在性，存
在于占有和财产之中，而在勇敢之外。现在，正是绝对伦理
的这种反映多多少少适合于通常意义上的道德——关系的
诸规定在形式上被设定为无差异的，因此就是市民
（bourgeois）或者私人的伦理，对这种伦理来说，关系的差异
是稳固的，它依赖于这些关系，并处于这些关系之中。由
此，这种道德的科学首先便是这些关系本身的知识，并因为
这些关系要在［它们］同伦理事物的联系中得到考察，而由
于这种联系是绝对顽强的，因此就只能是形式的，所以前面
提到的那种同义反复便在这里找到了它的位置：这种关系
就只是这种关系；如果你处于这种关系中，那就应当处于同
这种关系的联系之中，处于同一关系之中；因为如果你在关

联到这种关系的行动中不基于这种关系而行动的话,那你就毁灭了、取消了这种关系。同时,这种同义反复的真正含义还直接包含了:这种关系本身并不是绝对的,因此涉及到它的道德也只是某种依赖性的东西,而不是真正的伦理。469 根据前面所述,这种真正的含义来自这一事实,即只有概念的形式、分析的统一性才是绝对物,并且因其内容之故,而是否定的绝对物,其内容作为一个被规定之物,与形式相矛盾。

　　而那些特殊物或者否定物在其中表现出来的真正的伦理方面的属性,当它们纯粹地接纳到无差异之中时,就能称之为伦理属性,并且只有当它们自己在一种更高的力量中重新个体化,在绝对伦理中如同爱帕美浓达、汉尼拔、恺撒和一些其他人的德性那样成为独特的活的形象时,才能称之为德性。作为这样的力量,它们是[独特的]形象,自身并不是绝对的,也不是作为其他的有机产物(Bildungen)的形象,而是整体的理念的一个方面的更加强劲的表现,而德性的道德学或——如果我们想要规定道德的一般道德学,而将德性的描述称作伦理学(Ethik)的话——伦理学必然因此就只是对诸德性的一种自然的描述。

　　现在若伦理学与主观物或者否定物发生联系,那么一般而言的否定物就必须区分为差异的存在与差异的缺乏;

第一种否定物,前面已经谈到;第二种否定物、差异的缺乏
则将总体表现为一个隐而未张之物,在它这里,运动和无限
性还没有出现在其实在性之中。居于这种否定物的形式之
下的生命(das Lebendige)为伦理的生成,教育(Erziehung)
按其定义来说就是历历可见地、一步一步地扬弃这种否定
物或主观物,因为孩童作为一个伦理个体的可能性的形式
就是一个主观物或者否定物,他长大成人,就是这种形式的
终结,而他的教育就是对这种形式的驯化或者克服。但是
肯定物或者本质乃是,他吮吸着普遍伦理的乳汁,最初生活
在作为陌生本质的普遍伦理的绝对直观中,日益理解它,从
而过渡到普遍精神之中。这表明,前述德性和绝对伦理,还
有它们通过教育的生成,并不是一种达到独特的和分离的
伦理的努力,而且那种追求独特、实定的伦理的努力是徒劳
的,本身就是不可能的。就伦理而言,唯有古代那位最智慧
的人的话才是真理:伦理就是按其国家的伦常生活;就教育
而言,则如一个毕达哥拉斯主义者在有人问他"什么是对他
的儿子的最好教育"时所做的回答:使他成为一个制度优良
的国家(Volk)的公民。①

　　这样,绝对伦理事物在个人那里有它自己的有机躯体,470

① 〔古希腊〕第欧根尼·拉尔修:《名哲言行录》,第8章,第16节。——译者

它的运动和生命在所有人的共同存在和行动中作为普遍物和特殊物是绝对同一的。我们已在特殊性当中对它〔绝对伦理事物〕进行了考察（然而是这样的考察，即这种特殊性的本质为绝对同一物，从而一般说来就是在那种同一性中对它进行考察），因此，它也必须自己在普遍性的形式和认识中将自己表现为立法的体系——从而这个体系也就完全将实在性或者当前的鲜活伦常表达出来，由此，它就不会像经常发生的那样，在人民的法律中无法认出它的正当的、现实的东西。不能将真正的伦常引入法律形式当中，害怕思考伦常，害怕将其视为自己的伦常并予以承认，这种不妥就是野蛮的标志。但是，伦常的这种观念性及其在法律中的普遍性形式，就其作为持续存在的观念性而言，必然同时重新与特殊性形式完全统一，由此这种观念性本身即拥有了一种纯粹的绝对形态，从而作为人民的神明而得到直观和崇拜，而且这种直观还在一种宗教仪式中有其热闹的场景和欢快的活动。

四

这样,我们就已经在其总体的诸环节中将绝对伦理呈现出来,将其理念建构起来,也已经摧毁了作为无本质的思想物的、牵涉到它的占据统治地位的合法性和道德性的区分,以及与之相联的一种形式的实践理性的普遍自由的那些抽象物,并且不是通过比如说两种原则的混合,而是通过扬弃它们和构建起绝对的伦理同一性,根据绝对理念对自然法和道德学的科学的区分做出了规定,我们由此确定,这两门科学的本质并不是一个抽象物,而是伦理事物的生命(Lebendigkeit),它们的区分仅仅涉及到外在之物和否定的东西,并且这种区分同时也就完全颠倒了另一个区分。按照后面这种区分,形式的东西、否定的东西应当构成自然法的本质,而绝对和肯定的东西则应当是道德学的本质,然而这个绝对物本身真正说来也同样只是一个形式的东西和否定的东西,而这里所言的这种形式的东西和否定的东西,完全地、十足地、绝对地什么都不是。

现在,为了说明自然法与实定法学的关系,我们只需捡起前面我们没有进一步展开的线索,并且指明其中断之处。

471　　我们首先一般地指出,哲学在与特定科学的关系中通过一种规定性(或阶次)的概念的普遍性任意地设定其界限。特定的科学不过就是进一步描述和分析(在该词的更高意义上),哲学未曾发展,而是让其保持为一个单纯的规定性的东西自己如何会成为一个分支并形成为一个总体。然而,**形式上**,这种发展的可能性在于,理念直接规定了进一步认识和发展一种规定性的绝对形式和总体性的法则。实在的可能性则在于,这样一种哲学未曾发展的规定性(或阶次)并不是一个抽象物或者真正单纯的原子;相反,正如一切都是在哲学中有其实在性一样,一种实在性只有当其为总体并且自身就是所有阶次的体系的时候,才是实在性。属于特定科学的发展就是,将阶次表现为这样的东西。

由此,我们就能事先指出,我们称之为实定法学的一个好的部分也许能够使其整体归于完全发展和展开的哲学之中,这样,因为实定法学自身建立起自己的科学,它们也就既不被哲学排斥,也不与哲学对立;通过这些科学的自为存在和经验区分,它们与哲学的真正区分并未设定起来。它们自称为经验科学,一方面是它们想要应用于现实世界,并想让它们的法律和程序在普通的表象方式面前有效;另一方面是它们自己关涉到特定的具体的现存宪法和立法体系,属于特定的人民和特定的时代,这种事实并不能给出一个将其必然从哲学排除出去的区别,因为同哲学的产物相比,没有什么东西能够如此应用于现实之中,并在普遍的表象方式(即真正普遍的表象方式,因为有普通的表象方式,它们是极其特殊的)面前如此正当,也没有什么能够如此富有个体性、如此生动和持久。为了能够谈论这些科学与哲学的关系,就必须首先确定和界定一种使它们据以成为实定科学的区别。

首先,实定科学不仅将历史性的东西,而且还将概念、原理、关系以及一般来说自身属于理性并且应该表达一种 472 内在的真理和必然性的东西,都包含在它们声称与之发生联系的现实性之下。现在,对这样的东西,援引现实和经验予以证明,坚持它们是同哲学相对立的实定之物,这种做法必须认为是绝对不允许的。哲学证明,没有实在性的东西,不可能真正出现在经验之中;如果实定科学援引经验和现实,那么哲学也同样能够根据经验的联系证明,实定科学所宣称的概念并无现实性,并且否认实定科学所宣称的在经验和现实中发现的那些东西是能够在它们当中发现的。哲学当然承认,某物可以如此经验的意见,[只不过]是一种偶然的、主观的观点;然而当实定科学声称在经验中发现并指明了它们的观念和基本概念时,它们就会因此而要求某种实在的、必然的和客观的东西,而不仅仅是一种主观的观点。某物是一种主观的观点,还是一种客观的观念,是一种意见还是一个真理,唯有哲学才能说了算。哲学能够人道地(*ad hominem*)允许实定科学有其自身的方式,但是否认实定科学的观念会在经验中出现这种事实;相反,它会宣称,在经验中只应发现哲学的观念。哲学能够在经验中指出其观念,这种事实的根据直接存在于人们称之为经验的东西所具有的歧义的本性之中。因为并非直接的直观本身,而是被提升到理智之物当中得到思考、说明、剔除了其个别性并且作为必然性表达出来的直观,才是经验。因此,那在经验中并且作为经验而被指明的东西,并不取决于经验当中的那种我们在关联到分离物——这种分离物被思维带入直观之中——时能够称之为现实性的东西。但是要将直观引入思想的领域,那么意见就必须服从于哲学的真理。现在,在每种情形下,都很容易指出实定科学认为是直接从直观中得到的东西(但是由此实定科学自己就已经用一种关系或概念对后者进行了规定)与并不属于思维之物之间的区别,并且证明了哲学在思维方面的完全权能。然后,这样一种以现实性为依据的思维由于处于对立之中,坚持规定性,从而将思想物或者想象物认作绝对物,并且从中得出它的原理,因而在其意见中习惯于成为真正的实定之物,结果,它就会处于这种危险之中,即对它来说,每一个规定都可以证明为相反的规定,并且从它的假定能够推出正好与之完全相反的结论。因此,正如我们可以用引力的增加去解释一个物体的密度或者重力的增加一样,我们也可以用斥力 473 的增加来进行解释,因为引力和斥力的大小是相等的;一个只有联系到另一个时才有意义。说一个要比另一个多多少,这根本就不存在,因此,一个增加多少,那么其对立面也同样会增加多少。

　　因此,如果在一般的自然法当中,或是在特殊的刑罚理论中,一种关系被规定为强制,哲学证明这个概念并无意义,但是实定法学却求助于经验和现实,说强制确实是某种实在的东西,强制真的发生了,那么哲学同样有权利通过引证经验和现实性来表明,实定法学的证明并无实在性,从而证明根本就没有强制,没有人被强制过,也不应该被强制。因为这里完全取决于对现象的解释:是否为了强制的观念的目的,而将某物视为一个单纯外在的东西,或是一个内在的东西。因此,在人们指出存在强制的地方,我们也能指出,这同一个现象实际上具有完全相反的意义,换言之,它并不是强制,而是自由的表达;因为当它成为观念的形式,从而通过内在的、观念性的东西进行规定时,主体对它来说就是自由的。并且,当人们为了消除内在之物或者自由的对立,而将应当视为外在之物、视为强制的东西设定为内在之物,由此心理的强制变得有效时,那么这种将外在之物接纳为内在之物的做法也同样无济于事。因为思想仍然是完全自由的,心理的强制或者思想的强制并不能够束缚它。人们提出来的、作为强制的规定性,是绝对能够扬弃的;对于人们用刑罚的威胁来消除的规定性,是绝对能够通过接纳到内心[而化解掉的],对于法律想要通过刑罚予以消除的东西,也是绝对能够舍弃的。因此,如果在解释一种现象时认为一种规定性的表象是作为强制而起作用的(或者作为强制发挥了作用),那么我们也能做出完全相反的解释,说这种现象乃是自由的表达。感性的动机,不管是直接产生行动的,还是法律上对其进行阻遏的,都是某种心理的东西,即某种内在之物,由此,它就能够直接设定于自由之中;自由可以摆脱,也可以不摆脱这种感性的动机,不论哪种情况,都是意志的自由。但是人们持相反的观念,坚持认为(并且这是普遍的观点）：一种强制、一种心理学强制应当发生。474
那么首先这并不是真的；相反，我们可以确凿无疑地坚持一
种更加普遍的看法，即一种行为或者不为乃是来自自由意
志。这样，在提出法律的原则和规定时，就不用担心人们的
意见，就像天文学家在认识天体的规律时，对于那种认为
太阳、行星和所有的星星都绕地球转动、它们不会比它们
看起来要大等等意见置之不理一样；同样，船长也不会关
心那种认为岸动而非船动的意见。如果天文学家和船长
附和这种意见，那么天文学家就会发现他无法理解太阳
系，船长则会让船员停桨收帆。这样，他们马上就会发现
他们无法达到他们的目的，并且即使他们想要承认此等意
见是实实在在的，也会直接认识到它是完全虚妄的。这正
如前面所言，即当强制被认为具有实在性时（换言之，在一
个体系和一个总体中得到表象时），就直接取消了它自身
和整体。

　　这样，由于实定科学的意见所坚持的规定性正好是其
自身的反面，因而对坚持这两个对立的规定性之一的双方
来说，每一方都同样能够反对另一方。这种反对的可能性
在于，对于两个规定性当中的每一个，都可以指出，不联系
到其对立面，它就完全不可思议，也是完全不存在的；相反，
由于它只有联系到其对立面时方才存在，方才有意义，因此

这个对立面就能够并且必须直接出现和指出来。不联系
－A，＋A 就没有意义，由此可以证明：随着＋A，－A 也就直
接存在了；而对方的理解则是，这里出现的是－A，而非＋A；
但是对其－A 也可以做出同样的反驳。不过人们通常并不
这样想，从而对于比如说那种与感性动机对立的自由（由于
这种对立的缘故，这种自由同样不是真正的自由），并未指
出，所有想要解释为这种自由的表达的东西，真正说来必须
解释为感性动机的结果。这很容易做到，只不过表明相反
的东西而已：那应当经验为感性动机的东西，真正说来应该
经验为自由的结果，相反，它恰恰被人们从自由那里抽掉
了，而且人们还声称，自由并不属于这里，因为它应当是内
在的东西、某种道德的东西，完全是某种形而上学的东西。
475　然而此时并没有想到：留给我们的另一个规定性，即强制和
感性冲动（通过感性规定，强制应当被设定为某种外在之
物），没有与之对立的内在之物（或者自由）就完全没有意
义，同时这种自由也绝对不能摆脱强制。一个犯罪行为，从
一方面看，因其与受到威胁的刑罚和法律通过这种威胁提
出来的感性动机相对立，意求某个被规定之物，由此这个被
规定之物就被称作某种感性物，人们说，这就是犯罪由以产
生的感性诱因；然而另一方面，这种行为是一种意志
（Wollen），其中包含了摆脱法律的感性动机的可能性，因此

它就表现为自由的。无论是前面那种规定性,还是后面这种可能性,没有一种观点能够被完全舍弃,而是一个绝对关联到另一个,由此每一个都能从其反面直接推出来。但是意见的逻辑认为,当一种规定性、一个对立面设定起来时,另一个与之对立的规定性实际上就能够被抽除掉,因此也就能够消除掉。由于其矛盾律的性质,这种逻辑完全不能理解,在这些规定性中,每一规定性的反面对于直观的规定来说完全是无关紧要的,并且在这种抽象和否定性本质中,一个相反的规定性与它的反面完全是一样的;它也更加不能理解,与感性对立的自由,以及感性和强制,这两个东西都绝对不是实在物,而只是单纯的思想物和想象物。

因此,如果一种法学由于坚持此类意见和无本质的抽象物而成为实定的,那么它援引经验,或是以运用于现实性的规定为据,或者援引健全理智、普通的表象方式甚或哲学,都毫无意义。

如果我们现在进一步考察科学以上述方式成为实定科学的原因,并对这种假象和意见的原因做出一般的考虑,就会发现,原因在于形式之中:即观念性的、一个对立的东西、片面的东西(这种东西只有在与其对立面的绝对同一中才有现实性)孤立起来,被设定为自为存在的东西,并被宣称为某种实在的东西。正是通过这种形式,直观被直接取消了,整体被消解了,不再是整体和某种实在之物;因此,实定物和非实定之物之间的这种区别便与内容无关。通过这种形式,即有可能:不仅(如前述)一种纯形式的抽象物被固定下来,并被错误地主张为一种真理和现实性,而且在一个真正的理念和真实的原则的界限上面产生了错误的认识,它们被设定在它们的真理所在的阶次之外,由此便完全失去了其真理性。一个原则属于一个阶次,这一点构成原则的规定性方面;但在这个阶次中,这个规定性是被理念无差异地、实在地贯通了的,因此就是真正的原则;因此,它作为理念,在这些规定性之中作为它们的形态而出现,但只是作为这个阶次的原则,由此这个原则的界限和条件性也就得到认识。但是如果这个原则在它的条件性中被绝对化,甚至扩展到其他阶次的本质上面,那就完全脱离了它的真理。伦理的绝对清晰的统一性之为绝对和生命,并不在于个别阶次或者一般阶次的存在能够保持固定不变,而是在于,正如它[伦理的统一性]永恒地扩展这些阶次一样,它同样也绝对地收拢它们,扬弃它们,在未展开的统一性和清晰性中享受其自身,并在同那些阶次的关联中——它确信它自己的内在生命,自己是不可划分的——时而用某个阶次打断另一阶次,时而完全过渡到一个阶次,而消灭其他的阶次,就像它一般地走出这种运动,回到扬弃一切的绝对安宁之

476

中一样。相反,当一个部分自己组织起来,脱离整体的支配时,疾病便随之产生,死亡也就开始降临。因为通过这种个别化,这个部分就对整体产生消极影响,甚至强迫整体仅仅为了部分的利益进行组织,这就好比 [本来] 属于整体的内脏的生命力自成一体,或是肝脏使自己成为支配的器官并强迫整个机体听命于它一样。因此,在普遍的伦理体系中,也会发生这样的情况,比如说,涉及占有和财产的民法的原则和体系一方面在自身内部深入发展,同时在自己迷失于其中的全面扩张中自以为是一个自在的、无条件的、绝对的总体。前面已经按其内容(这种内容是一存在着的有限之物)对这个阶次的内在否定性做出了规定,我们也绝不能将可能出现在此内容之中的无差异的这种反映视为某种绝对之物,就像我们不能将获得和占有的体系、国民的财富以及这个体系下面的阶次(不管是农业、制造业和工厂,或是商业)弄成无条件的一样。

　　但是,当一个个别的阶次及其原则忘记了自己的条件性,从而凌驾于其他阶次之上,并使它们服从于它的时候,它就更加是实定的了。恰如机械论的原则侵入化学和自然科学之中,而化学的原则重又极其严重地侵入自然科学之中一样,在伦理哲学中,不同时期也有不同的原则侵入进来。而在现代,在自然法的内部事务中,构成民法原则的外在正义,[或者说]在持存的有限物中得到反映的因此是一种形式的无限性,已经取得了一种超越于国家法和国际法之上的特殊的统治地位。一种像契约这样的如此低级的关系的形式已经窃据伦理总体的绝对尊严地位。比如说,对君主制来说,这个中心的绝对普遍性和占据此位的特殊个人的统一,时而按照授权契约被理解为一种最高国家官员同抽象国家之间的关系,时而按照一般意义上的普通契约关系,被理解彼此需要的特定双方之间的一个交易(Sache)、一种相互服务的关系,通过这种完全处于有限物之中的关系,直接摧毁了[伦理总体的]理念和绝对尊严;就像在国际法上根据直接涉及各主体的个别性和依赖性的民事契约关系去规定作为伦理总体的绝对独立和自由的人民之间的关系,这种做法本身就是矛盾的一样。国家法本身也可能会完全同个人发生关系,想要作为一个威力无边的警察完全进入个人的存在,从而摧毁市民自由,此为最严酷的专制;费希特就想看到,个人的所有行为和存在,与之对立的普遍物和抽象物都要监督、知悉和规定。道德原则也想要侵入绝对伦理体系,并且占据公法、私法和国际法的最高点——由于道德原则与民法原则一样,仅仅存在于有限物和个别物之中,因此这就是伦理有机体的理念的最大缺陷、最严重的专制,也是它的彻底沦丧。

在科学中,唯有哲学才能阻止个别原则及其体系的这种僵化和孤立,不让这些原则凌驾于其他原则之上。由于部分不知其界限,反而想将自己建构为整体和绝对物,哲学则在整体的理念中居于各部分之上,由此不仅将每一部分都限制在其界限之内,而且通过理念的主权防止这些部分在其进一步析分中滋生出无穷的细节。同样,在实在性中,对这些阶次的这种限制和观念化也在自身表现为伦理总体的历史。在这个历史中,伦理总体在时间中,牢牢地保持住绝对平衡,它在对立面之间上上下下,时而通过民法稍占优势,提醒国家法注意其规定性;时而通过国家法占据优势,侵入民法,制造罅隙,由此通过加强其在部分中的存在而在一段时间内重新激活每个体系,并在所有部分的完全分裂中使它们回想起它们的时间性和依赖性;此外,它还通过在个别环节中混淆所有阶次,在自身集中表现它们,从这种统一性出发将它们释放出来,让它们再生,在它们想要自为存在时,使它们回想起它们的依赖性,感受到它们的脆弱,由此摧毁它们的滋生蔓延和自成一体。

法学的实定性的这种特性涉及到形式。通过形式,一个阶次自身孤立地、绝对地设定其自身。就这一方面而言,[不独法学,]宗教和其他任何事物,还有每一哲学科学都会遭到扭曲和玷污。但是我们也必须从内容方面对实定性进行考察。无论是前面所言的实定物，还是现在作为内容来考察的东西，两者都处于特殊物之中，前面我们已经考察了普遍性形式与特殊性和规定性的外在联系，现在就来考察特殊物本身。

在这个方面，我们必须首先关心那种按其内容来说能够被设定为肯定[之物]的东西，反对形式主义，因为形式主义割裂了直观以及它的普遍物与特殊物的同一性，将抽象的普遍物和抽象的特殊物彼此对立起来。在形式主义看来，它从空洞的普遍物排除掉的、归于特殊性的抽象物之下的东西乃是实定的东西。它没有想到，通过这种对立，普遍物同特殊物一样，也变成了一个实定的东西，因为如前所述，它通过对立的形式（在这种对立的形式中，它出现于前述抽象物之中），也就成为实定的了。然而实在的东西绝对是普遍物与特殊物的同一性，因此，也就不可能发生前述抽象，并设定由此抽象产生的对立面之一（即作为一个自在存在之物的普遍物）。一般说来，如果这种形式思维首尾一贯的话，那么当它把特殊物理解为实定的东西时，就必定完全没有任何内容；在形式思维的纯粹理性中，每种杂多和区分都必然涤除殆尽。同时，也完全不要忽视，这种形式的思维是如何得到为数最少的范畴和章目的。因此，这就好比那些把有机物的本质理解为一种抽象的生命力的人们，他们必然认为四肢、头脑、心脏以及所有内脏都是某种特殊的、偶然的和实定的东西，统统忽略不计。

同所有生命物一样，伦理事物也完全是普遍物和特殊 479
物的同一。由此，它就是一个个体性，一个形态。它自身即具有特殊性、必然性关系，也就是相对同一性，然而［这种特殊性、必然性关系，或者相对同一性是］无差异化了的，是［被绝对同一性］同化了的。由此，伦理事物在这种特殊性中就是自由的。而那个被反思视为特殊性的东西，就既不是一个实定之物，也不是一个与鲜活的个体对立的东西，而是活的东西，鲜活的个体由此而与偶然性和必然性联系起来。这个［特殊性］方面是伦理事物的无机自然，但在形态和个体性中自身有机化了。因此，最一般的东西，比如说一族人民的特定气候及其在全人类教化中所处的时期，即属于一种必然性，这族人民的当下仅仅构成这个长长的必然性之链的一个环节，这个环节按照前一方面从地理出发得到理解，按照后一方面从历史出发得到理解。在这个环节，伦理的个体性自身组织起来，然而这个环节的规定性与伦理个体性无关，它只关涉到那种必然性，因为人民的伦理生命恰好在于，它是具有一个形态的。在这种形态中，有着［这个环节的］规定性，这种规定性不是作为一个如我们前面所言的意义上的实定之物，而是与普遍性绝对统一起来，并被它灌注了生气。因此,这一点因为以下两方面的原因而非常重要,我们亦可由此认识到,哲学是如何教导我们去尊崇必然性的:一方面,它是一个整体,唯有狭隘的见识才会执着于个别性,将其贬低为偶然性;另一方面,它通过指明,个别性和偶然性如何不窒碍生命,相反,生命通过让它们依照必然性而存在,同时将它们从必然性当中拯救出来,而贯通了它们,并赋予它们以生命,从而扬弃了个别性和必然性的观点。恰如动物世界的不同部分分别相对于元素水和气而形成不同的有机体,从而作为个别的元素,水对鱼来说、空气对飞鸟来说都不是某种实定之物或者死物一样,同样,伦理得以在这种气候、在这种特殊的和普遍的文化中自身组织起来的这种形式在它之中也不是某种实定之物。正如生命的总体在珊瑚虫的自然中绝不亚于在夜莺和狮子的自然之中一样,世界精神在其每一形态中都享受其微弱的或是发达的、然而却是绝对的自我感,并在每族人民,在每个伦常和法律的整体中享受其存在与其自身。

　　对外来说,[这个过程的]每一阶段也同样是正当的——这个外在的方面属于必然性本身,因为在必然性的这种抽象中,个别性重又被理念彻底扬弃了。珊瑚虫、夜莺和狮子,这些个别阶段都是一个整体的阶次,并在这种联系中得到尊重。总体性的理念飘浮在这些个别阶段上面,同时也反映在它的这个完全分散的形象中,并在其中直观和认识它自身。这种扩展开来的形象的总体就是对作为一个存在之物的个别物的辩护。因此,形式的立场即在于将特殊性的形式赋予个体性,而抛弃了那种特殊性得以成为实在的生命;然而经验的立场则在设定特定阶段的实在性的地方要求一个更高的阶段。这个更高的阶段,在其进一步发展的实在性,以及在经验中,也同样出现了。植物生命的更高发展出现在珊瑚虫之中,比珊瑚虫更高的[生命]出现在昆虫当中,等等。只有经验的非理性,才会在珊瑚虫中瞥见更高的昆虫阶段的经验性表现。不是珊瑚虫的珊瑚虫,不过就是这个特定的、与我处于一种经验性联系之中的死物质。它之所以是死的,是物质,是因为我将它设定为一种将会变成某种他物的空洞的可能性,而这种空洞性就是死亡。如果涉及的是那种绝对的、无须经验联系的更高的表现,那么我们也会找到它,因为它必然会按照绝对必然性出现。因此,比如说采邑制就会表现为某种完全实定的东西;但是首先从必然性方面来看,采邑制并不是一种绝对的个别物,而是完全处于必然性的总体之中的。就内部而言,相对于生命本身,采邑制是不是实定的,取决于人民自身[是否]在其中作为个体性真正组织起来,完全充实并且鲜活地弥漫于那个体系的形态,取决于这些关系的法律是否就是伦常。因此，一般说来，如果一族人民的天才处于下风、荏弱于人（伦理的荏弱在野蛮人那里和形式的文化中最为突出），如果一族人民被另一族人民战胜，必定失去其独立性，因此宁愿遭受丧失独立的不幸和耻辱，也不愿战斗和死亡；如果他们如此卑劣地沉浸于动物生活的现实之中，不能提高到形式的观念性，提高到一个普遍之物的抽象，从而在自然需要的关系规定中无法承受法权的关系，而只能承受人身的关系；或是，类似地，如果普遍物和法权的实在性已经失去了所有的信仰和所有真理，人民不能在自身感受到并且享受神的形象，而只是外在地设定它，并满足于一种对遥远而崇高的神的形象的木然的或是完全痛苦的感情，那么采邑制和奴隶制就具有绝对真理，并且这种关系就是唯一可能的伦理形式，因此也就是必然的、正义的和伦理的形式。

481　　因此，必须从整体的这种个体性出发，从一族人民的特定性格去认识这个由绝对总体自己组织而成的整个体系。必须认识到，正如宪法和立法的所有部分一样，伦理关系的所有规定均完全为整体所规定，并形成为一座大厦，其中没有任何关联和装饰是先天孤立地出现的；相反，每一个都是通过整体而成的，都从属于整体之下。在这个意义上，孟德

斯鸠将其不朽之作 ① 建立在他对各族人民的个体性和性格的直观之上。即使他没有上升到最生动的理念，然而他也确实没有从所谓的理性出发演绎个别的制度法律，没有从经验中将它们抽象出来，然后提升为某种普遍的东西；反之，上至国家法部分的关系，下至遗嘱、婚姻法等民事关系的低级规定，全都仅仅从整体及其个体性的特性出发进行理解，因此也就以一种经验的理论家们（这些经验的理论家以为他们是从理性出发认识他们的国家和法律体系的那些偶然事物的，并且以为他们将这些偶然事物从人类理智自身或者从普遍经验抽除掉了）能够理解的方式向他们表明，特定法律由以产生的理性、人类理智和经验，并不是先天的理性和人类理智，也不是先天的经验（先天的经验是一种绝对普遍经验），而完全不过是一族人民的生动的个体性而已，并且这种个体的最高规定性复又须从一种更加普遍的必然性出发得到理解。

　　如前面论及科学时所言，如果固执于每一个个别的阶次，则科学即成为实定的；同样，对于伦理个体或者人民来说，也必须如是言之。因为，按照必然性，总体性必然作为那些分散开来的规定性的存在在伦理个体或人民中表现其

---

① 指〔法〕孟德斯鸠的《论法的精神》。——译者

自身,伦理个体当前所处的那个链条的个别环节必定会成为过去,另一环节必然会出现。由于个体以这种方式成长,一个阶次茁壮生长,另一阶次随之退场,由此,退场者的各部分就会发现自己遭到排除,走向消亡。这种新陈代谢(其中一些部分朝向一种新生命成熟起来,另一些部分则因固执于某种阶段的规定性而停滞不前,眼睁睁地看着生命离自己而去)的可能性仅仅在于,人们固执于一个阶段的规定性,并将其在形式上弄成绝对的东西。人们为特定伦常制定的法律的形式(这种形式也是同一性的普遍性或者否定的绝对物),赋予伦常以一种自在存在者的假象;当一族人民人数众多时,则其在前述规定性当中组织起来的那个部分 ① 也同样为数很多,人们在法律中对该规定性的意识,也远远胜过对新生生命的无意识。当伦常和法律合一时,则规定性不是实定的东西;但是当个体成长,而整体并未同步前进时,则伦常和法律就会发生分离,将各部分连为一体的活的统一性就会变得衰弱,在当前的整体中也就没有了绝对的联系和必然性。此时,个体尚未从自身出发得到认识,因为其规定性还缺乏对其进行解释并使之可以得到理解的生命;由于新伦常才开始在法律中表达其自身,因而必然会

① 即前述作为退场者的规定性的各个部分。——译者

在法律内部产生一种内在矛盾。正如在前面的讨论中，只言及历史的一个方面，［即］必然的同时就是自由的，那么相反，这里必然性和自由不再合一，而是完全落入纯粹的历史之中；当前不再具有真正的生命的根据的东西，其根据在过去之中，换言之，属于这样一个时代，在这个时代中，那种在法律中固定下来的、但已死去的规定性乃是鲜活的伦常，并与其余立法保持一致。然而，这种认识的目的不过就是要获得法律和制度的这种纯粹历史的解释而已；如果这种认识还想证明那种唯有在过去的生命才有其真理的法律在现在也是正当的，那它就超出了它的规定和真理。相反，法律的这种历史知识——它知道，只有在失去的伦常和已然死去的生命中才能指出法律的根据——恰好证明，现在，在活生生的当下，即使这种法律仍然通过法律的形式，并通过整体的一些部分仍服务于其利益（这些部分的存在也与这种利益相连）而拥有力量和权力，它也已经失去了理智和意义。

　　然而，要正确区分僵死的、没有真理的东西与生命力尚存的东西，就不要忘记一种区分，此种区分能够避免形式的观点，并必然阻止将自身否定的东西看成是有生命的法律，由此将自身否定的法律的统治看成是有机体的富有生机的存在。因为那些使个别的规定性和部分不受整体的支配，

而使它们处于整体的力量以外并使个别的东西成为普遍物
的例外的法律,本身就是某种否定的东西,是走向死亡的标
志。否定物和例外越多,死亡对生命的威胁也就越大,那些
旨在促进[整体的]这种消亡的法律的力量也就远远超过了
构成整体的统一性的真正法律的力量。因此,属于实定的
483 东西和死的东西的,并不只有那种完全成为昔日黄花、现在
已经生命不再,从而仅为非理智的、因其毫无意义而为无耻
的力量的东西,而且还有那种没有真正肯定的真理的东西,
即执着于否定的东西、伦理总体的消解和分裂的东西。前
者是过去生命的历史,后者则是当下死亡的特定表象。因
此,在已然解体的人民(比如在德意志人民)那里,如果不在
否定物和分裂的法律与真正的肯定物和统一的法律之间进
行区分,那么法律就可能貌似拥有真理。如果那些组织为
一个整体的法律唯有对于过去才有意义,并且关联到一种
久已作古的僵尸的形态和个体性;如果那些法律只对部分
感兴趣,从而与整体没有生动的联系,而是建立起一种外在
于整体的力量和统治;如果那种表现生动的联系和内在统
一的东西作为手段完全不能适合于它的目的,因此这种手
段既无理智,也无真理(因为手段的真理在于符合于目的,
通过整体的这种最内在的非真理即可得出,在一般的哲学
科学中、在伦理中,同样在宗教中,也就不再拥有真理)——

如果这些都是真的,那么[整体的]的解体也就由此直接决定了,固定下来了,并设定在一个否定物的体系中,在认识上和法律上赋予自己以形式的假象,然而这种认识和法律的内在本质不过是虚无而已。当一族这样的人民的认识和科学表达为理性什么也不认识,什么也不知道,只有作为避难所的空洞的自由,只有虚无和虚无的假象,那么否定的立法的内容和本质就是:没有法律,没有统一和整体。因此,前一个非真理不过就是那种无意识的、无意的东西;后一个非真理则是那种自身窃取了形式,由此而顽固不化之物。

因此,哲学并不因为特殊物为特殊物,就认为它是实定的东西。相反,只有当特殊物在整体的绝对联系之外作为单独的部分获得独立之时,才认为它是实定之物。绝对总体作为必然性在其每一阶次中自我限制,在其中作为总体产生自身,既重现之前所有阶次[的发展],又预示后来阶次[的发展];其中的一个阶次拥有最大的力量,总体出现于其色调和规定性之中,正如水之于鱼、空气之于飞鸟一样,这种力量也不构成生命的限制。同时,这也是必然之事:个体性前进、变形,那属于支配阶次的东西式微、死亡,以便必然性的所有阶段本身在它身上得到显现。然而过渡时期的不幸在于,新事物还没有强大到足以绝对消除过去之物的程度,因此其中尚有实定之物存在。自然尽管在特定的形态中以均匀的(然而并不是机械一律的,而是以匀加速的)运动前进,却确实享受其获得的新形态。正如它跃入这个形态当中一样,它也会在其中逗留,就像炮弹飞速抵达其顶点后静止片刻,或者金属加热时并不如蜡烛般融化,而是顿然液化并保持为液态一样——因为这种现象是向绝对对立面的过渡,因此就是无限的;而且对立面的这种从无限或是它的虚无当中的产生乃是一次飞跃,在这种[新的]形态意识到它与外物的关系之前,它在新生的力量当中的存在首先是自为的,因此,这个成长的个体性既有那种飞跃的喜悦,也驻足享受它的新的形式,直到它逐渐朝向否定物,并突然转向衰亡。

现在,伦理哲学已经教我们理解这种必然性,也教我们认识到其内容的联系及其规定性不仅同精神绝对联在一起,而且还构成了精神的活的身体;此外,伦理哲学还使自己与形式主义对立起来(形式主义认为,它能够将其归摄在特殊性概念下面的东西就是偶然的、死的东西)。这样,伦理哲学同时也就认识到,个体性的这种一般的生命,不论其形态为何,也是一种形式的生命;因为那属于必然性的限制性尽管能够被绝对接受到无差异之中,但也只是必然性的一部分,而不是绝对的、总体的必然性自身,因此在绝对精神与其形态之间,总是存在着一种不一致。但是它也不能为了发现这种绝对形态而逃向无形态的世界主义,逃向空洞的人权以及同样空洞的万民国家与世界共和国,因为这些抽象物和形式物正好包含了伦理生命的反面,它们的本质就是对个体性的反抗和革命;相反,它必须为了绝对伦理的崇高理念而认识其最美的形态。由于绝对理念在其自身就是绝对直观,因此随着绝对伦理的建构,最纯粹、最自由的个体性也就得到了直接规定,在这种个体性中,精神完全客观地在其形态中直观其自身,并且完全地、无须从直观返回自身,而是直接地认识到直观自身就是其自身,并且正因为如此而是绝对的精神和完美的伦理。同时,按照前面表述的方式,这个完美的伦理也就不再卷入否定物(因为我们 485 之前所言的实定的东西,就事情本身而言,本质上就是否定的东西)之中,而是将其作为客观的、作为命运,设定为自己的对立面,并且通过有意识地牺牲它自己的一部分,承认这个否定物的权力和王国,由此摆脱这个否定物的束缚,获得它自己的生命。

译 后 记

　　本文的翻译根据的是《黑格尔全集》(历史考订版)第 4 卷(Georg Wilhelm Friedrich Hegel, *Gesammelte Werke*, Band 4, Felix Meiner Verlag Hamburg 1968, pp. 418—485)中的 "Über die wissenschaftlichen Behandlungsarten des Naturrechts, seine Stelle in der praktischen Philosophie und sein Verhältnis zu den positiven Rechtswissenschaften"一文,并参考了《黑格尔全集》(理论版)第 2 卷(Georg Wilhelm Friedrich Hegel, *Werke* 2, auf der Grundlage der Werke von 1832—1845, neu ediert von Eva Moldenhauer und Karl Markus Michel, Suhrkamp Verlag Frankfurt am Main 1986, pp. 434—530),以

及 H. B. Nisbet(收入《黑格尔政治著作选》,中国政法大学出版社 2003 年影印本,第 102—180 页)和 T. M. Knox 的英译本(G. F. W. Hegel, *Natural Law*, University of Penncylvania Press 1975)。考虑到原文题目比较冗长,中译本将其简化为《论自然法》。中译本依照历史考订版《黑格尔全集》第 4 卷页码进行标注,作为本书边码。

我首先要衷心感谢吴彦博士盛情邀请我翻译此文,并将其纳入他主持的商务印书馆"自然法名著译丛"。初译稿完成后,我曾将译文发给中山大学哲学系王兴赛博士、暨南大学法学院汤沛丰博士阅读,兴赛博士根据 H. B. Nisbet 的英译文仔细校对了全部译文,指出了多处翻译错误,沛丰博士也对初译稿提出了很多中肯的修改意见,在此一并致谢。

应吴彦博士的要求,我为中译本撰写了一篇较长的译序。由于黑格尔原文相当晦涩(即使是德国学者也直言此文诘屈难懂),同时也考虑到此文读者不限于哲学界(个人以为,黑格尔此文对法学的意义可能要超过其对于哲学的意义),因此我在序言部分对黑格尔撰写本文之前(尤其是法兰克福时期)的思想发展进行了梳理,并且根据自己的粗浅理解对《论自然法》全文做出了较为详尽的疏解,最后对黑格尔此文与其晚期法哲学之间的关系进行了些许梳理,以期对读者理解黑格尔此文及其与黑格尔晚期法哲学思想的同异有所帮助。

　　当然,由于译者学养与水平有限,对黑格尔原文的翻译、疏解以及此文与黑格尔晚期法哲学思想间的关系的考察必然存在错谬不当之处,对此,译者真诚期待读者和学界同仁不吝批判指正,是所幸焉。最后,我也要衷心感谢本书责任编辑为本书出版所付出的辛勤努力!

朱学平

2018 年 7 月 1 日

志于重庆宝圣湖畔

图书在版编目(CIP)数据

论自然法:论自然法的科学探讨方式,它在实践哲学中的地位及其与实定法学的关系/(德)黑格尔著;朱学平译.—北京:商务印书馆,2021(2021.11重印)
(自然法名著译丛)
ISBN 978 - 7 - 100 - 16151 - 0

Ⅰ.①论⋯　Ⅱ.①黑⋯②朱⋯　Ⅲ.①自然法学派－研究　Ⅳ.①D909.1

中国版本图书馆 CIP 数据核字(2020)第 110049 号

自然法名著译丛
论自然法
全名为《论自然法的科学探讨方式,
它在实践哲学中的地位及其与实定法学的关系》
〔德〕黑格尔　著
朱学平　译

商务印书馆出版
(北京王府井大街 36 号　邮政编码 100710)
商务印书馆发行
北京通州皇家印刷厂印刷
ISBN 978 - 7 - 100 - 16151 - 0

2021 年 1 月第 1 版　　　开本 880×1230　1/32
2021 年 11 月北京第 3 次印刷　印张 6¼
定价:28.00 元